Mittelalterliches Leben auf dem Lande

Marie Collins, Virginia Davis

Mittelalterliches Leben auf dem Lande

Frühling, Sommer, Herbst und Winter

Aus dem Englischen von Hans Freundl

tosa

Für Peter und John

Seite 1: Zwei Landarbeiter bei der Arbeit, einer mit Sense, der andere mit einer Heugabel. Die Heuhaufen dahinter sind das Resultat ihrer Arbeit.

Frontispiz: Ein Zifferblatt aus dem späten 15. Jahrhundert. Es zeigt verschiedene vom Tierkreis und den Jahreszeiten bestimmte Tätigkeiten.

Inhaltsseite: Ein erschöpfter Landarbeiter mit Sense auf dem Heimweg nach einem harten Arbeitstag auf dem Feld.

Titel der Originalausgabe: A Medieval Book of Seasons

Übersetzung: Hans Freundl, Reichertshausen
Redaktion: Sebastian Helm, Landshut
Satz/Umbruch: Ludger Vorfeld Kommunikations Design, München
Produktion und Gesamtkoordination der deutschen Ausgabe:
MediaCompactService Schabert, München
Einbandgestaltung: Joseph Koó
Druck und Bindung: Mladinska knjiga tiskarna

Printed in Slovenia

Inhalt

Einführung

DER ZYKLUS DER NATUR

Viele Stundenbücher wurden mit ganzseitigen, präzisen Darstellungen von Pflanzen oder Insekten illustriert; hier sind blühende Rosen neben einer sehr realistisch wirkenden Raupe und einem klar erkennbaren Roten Admiralsschmetterling abgebildet.

Das späte Mittelalter war eine spannende und lebendige Epoche – Kaufleute brachten exotische Gewürze und Seide aus Asien nach Europa, Künstler entwickelten Theorien über die Perspektive und gingen in der Malerei und Graphik neue Wege, Architekten bauten neuartige Gebäude, überall entstanden Universitäten, und viele weitere kulturelle Veränderungen vollzogen sich mit großer Geschwindigkeit. Darüber darf man jedoch nicht vergessen, daß das Leben auch viele unangenehme Seiten besaß; es konnte „armselig, grausam und kurz" sein, doch wie andere historische Epochen wurde auch das Mittelalter nicht allein durch Elend und Unterdrückung geprägt. Was würde wohl einem heutigen Menschen befremdlich erscheinen, könnte er sich mit der Zeitmaschine von H. G. Wells zurückversetzen in das 14. und 15. Jahrhundert, jene Epoche, mit der sich dieses Buch vorwiegend befaßt?

Vermutlich würde es ihm schwerfallen, den Menschen des Mittelalters die Zeitvorstellung des 20. Jahrhunderts zu erklären sowie die Methoden, mit denen man heute die Tage und die Jahre mißt. In den weniger entwickelten Regionen des heutigen Europa wird zwar der Tages- und Jahresablauf vieler Landbewohner noch immer, wie im Mittelalter, durch die Dauer des Tageslichts, das Wetter und den Zyklus der Natur bestimmt. Doch die meisten Menschen des 20. Jahrhunderts, insbesondere die Städter, leben unter dem Diktat einer präzisen und allgemeinverbindlichen Zeitmessung. Im Mittelalter ermöglichte es den Bauern allenfalls das Läuten der Kirchenglocke, das die Gebetszeiten ankündigte, den Tag in Abschnitte zu unterteilen. Das „zivilisierte" Leben, wie westliche Stadtmenschen es kennen, würde aus den Fugen geraten ohne den festen Rah-

Eine europäische Darstellung einer Reise nach China. Wer im Mittelalter in den Orient reiste, begegnete fremden und oft irritierenden Systemen der Zeitmessung.

men allgemeinverbindlicher Konventionen der Zeitmessung; unsere Reiseplanungen, Geschäftsabläufe, Produktionsprozesse und Kommunikationsverbindungen könnten ohne eine präzise zeitliche Abstimmung und ein allgemeines Einverständnis über die Unterteilung des Jahres nicht funktionieren. Die Verwirrung, die beim Überschreiten der Datumsgrenze im interkontinentalen Flugverkehr ausgelöst wird, ist ein geringer Preis, den wir dafür zahlen müssen, daß wir uns auf ein allgemeinverbindliches System der Zeitmessung stützen können. Den Menschen des Mittelalters dagegen, die gewohnt waren, wichtige Ereignisse ihres Lebens mit den jeweiligen kirchlichen Festen in Verbindung zu bringen, wäre die Bedeutung, die wir exakten Zeitangaben beimessen, völlig unverständlich erschienen. In vielen Bereichen der modernen Welt beherrscht die Zeit den Menschen, nicht umgekehrt; sogar unsere Vergnügungen erhalten einen faden Beigeschmack, weil wir so auf Termine fixiert sind.

Unser modernes Leben wird so stark durch die Uhr bestimmt, die den Tag in 24 gleich lange Stunden unterteilt, und durch den Kalender, in dem ein neues Jahr stets am 1. Januar beginnt, daß wir verwundert zur Kenntnis nehmen, daß man in anderen Kulturen oder in vergangenen Epochen ein anderes Verständnis von der Zeit besaß. In unserer modernen Gesellschaft kommen wir gelegentlich in Berührung mit einem unterschiedlichen Zeitverständnis, wenn wir zum Beispiel in einem entlegenen Teil Europas Urlaub machen und erkennen, daß das Leben eines griechischen Ziegenhirten einem anderen Rhythmus folgt als unseres.

Das System, das den Beginn unserer Zeitrechnung mit dem vermutlichen Datum der Geburt Jesu Christi verknüpft, setzte sich erst im Mittelalter durch. Als erster schlug der englische Mönch Beda vor, das *Annus Domini* (AD), das „Jahr des Herrn“, als Grundlage der Zeitrechnung zu verwenden. In den Jahrhunderten nach Bedas Tod (735) verbreitete sich diese Methode allmählich in Europa. Sie bildete im Mittelalter jedoch nicht das einzige Verfahren zur Berechnung der Jahre und der Datierung von Dokumenten. Aus den Zeiten des Römischen Reiches hatte sich noch das komplizierte System der Indiktionen erhalten; es beruhte auf 15-Jahres-Zyklen, die im Jahr 312 n. Chr. ihren Ausgang nahmen. In zahlreichen Indiktionen begann ein neues Jahr nicht am 1. Januar, sondern an anderen Tagen. In vielen Königreichen rechnete man nach „Herrscherjahren“, die am Tag der Thronbesteigung des Königs begannen. Das Fehlen einer all-

Ein wohlhabend aussehendes und warm angezogenes Paar auf dem Weg zur Kirche, dargestellt in einer flämischen Buchillustration aus dem späten 15. Jahrhundert.

gemeinverbindlichen Zeitrechnung im mittelalterlichen Europa konnte zu wesentlich größerer Verwirrung führen als unsere Datumsgrenze und die heutigen Zeitzonen. Der Historiker P. L. Poole berichtet, daß ein Reisender, der im 13. Jahrhundert von Venedig nach Frankreich reiste, dabei gleich mehrere Zeitrechnungszonen passierte. Wenn er am 1. März 1245 in Venedig aufbrach, kam er 1244 nach Florenz, und wenn er von dort nach einem kurzen Aufenthalt seine Reise fortsetzte, war schon das Jahr 1246 angebrochen, wenn er nach Pisa gelangte. Reiste er dann weiter nach Westen, fand er sich im Jahr 1245 wieder, wenn er die Provençe erreichte, und wenn er kurz vor Ostern schließlich nach Frankreich gelangte, schrieb man dort das Jahr 1244!

Im Römischen Reich hatte man die Einteilung des Jahres in zwölf Monate eingeführt, ein System, das in Grundzügen noch heute gilt. Schwieriger zu begreifen war jedoch die unregelmäßige Unterteilung der Monate. Die Römer gliederten einen Monat in unterschiedlich lange Kalenden, Nonen und Iden. Die heutige Praxis, die Tage eines Monats in aufsteigender Folge durchzuzählen, setzte sich erst im Mittelalter durch. Die wichtigste Orientierungshilfe bei der Zeitrechnung bildete im Mittelalter jedoch der Kirchenkalender. Verschiedene Tage des Jahres waren darin als Festtage bestimmter Heiliger festgelegt; diese nutzte man zur Datierung öffentlicher wie auch privater Ereignisse, für den Tod des Königs ebenso wie für die Geburt eines Kindes in einer Bauernfamilie. Die Namenstage der Heiligen waren festgelegt, das heißt, sie fielen immer

Links: Tiere, die man nicht den ganzen Winter durchfüttern konnte, wurden häufig verkauft. Hier taxiert eine Gruppe von Bürgern in Brügge einen Ochsen (Anfang 16. Jahrhundert).

auf denselben Tag; andere kirchliche Feiertage, insbesondere jene, die sich auf das Leben Christi bezogen, waren beweglich und hingen vom variablen Datum des Osterfestes ab. Die Berechnung des Osterdatums war eine komplizierte Angelegenheit; man zog dazu diverse Tafeln und Tabellen heran, die auf der sogenannten Goldenen Zahl und dem Mondjahr beruhten (der Einteilung des Jahres nach den 13 Mondzyklen).

Für die meisten Menschen wurde das Jahr vom Rhythmus der Jahreszeiten und den wichtigsten Eckpunkten des kirchlichen Kalenders bestimmt. Die wechselnde Arbeit auf den Feldern sowie die kirchlichen und weltlichen Feste markierten den Jahreszyklus. Daß es noch keinen Kalender im heutigen Sinne gab, war auch in juristischer Hinsicht von Bedeutung, wenn es etwa um Altersnachweise ging. Man bezog sich dabei nicht auf eine bestimmte Jahreszahl, sondern auf markante Ereignisse, an die sich die Dorfältesten erinnerten. So führte zum Beispiel William le Marchal aus Kingston Stanley in der englischen Grafschaft Gloucestershire elf Zeugen dafür an, daß er über 21 Jahre alt und am 8. Mai 1309 getauft worden sei. In den Aussagen findet sich auch folgende Darstellung persönlicher Erlebnisse, die den Zeugen als Bezugspunkte ihrer Erinnerungen dienten: „John le Weler sagt, an dem Freitag nach Williams Taufe sei seine Schwester in eine Mergelgrube gefallen und habe sich dabei den Hals gebrochen; Hugh de Dodebrugg sagt, an dem Montag vor besagtem Donnerstag sei sein Sohn Adam vom Augustinerkloster in Oxford als Mönch aufgenommen worden; Richard Pynock sagt, an jenem Donnerstag habe er aus dem Taufbrunnen in der Kirche den kleinen John herausgehoben, den Sohn von William Dispenser, der mit demselben Wasser getauft worden sei wie besagter William."

Die Jahreszeiten spielen im Leben heutiger Menschen keine große Rolle mehr. Für die Menschen des Mittelalters hingegen spiegelten sich die Jahreszeiten in den kürzeren Zeiteinheiten, den Tagen und Stunden, die das Alltagsleben bestimmten. Zumindest bis zur Mitte des 14. Jahrhunderts unterteilte man die Tage noch nicht in 24 Stunden von gleicher Länge. Die Dauer des Tageslichts veränderte sich mit dem Wechsel der Jahreszeiten, und die Unterteilung des zur Verfügung stehenden Tageslichts in gleich lange Abschnitte – in „Sonnenstunden" – bedeutete, daß sich die Länge einer Stunde mit den Tagen und den Jahreszeiten veränderte. Eine Sommerstunde, das heißt ein Zwölftel des verfügbaren Tages-

Oben: Unter dem Sternzeichen des Widders werden im März Weinreben beschnitten.

lichts, war wesentlich länger als eine Winterstunde, bis durch das Aufkommen mechanischer Uhren der Tag in gleich lange und genau meßbare Zeiteinheiten unterteilt wurde. Den Übergang zu mechanisch gemessenen, gleich langen Stunden dürften vor allem Schulkinder und Studenten im 14. Jahrhundert begrüßt haben, für die unter dem variablen Sonnenzeitsystem eine Unterrichtsstunde im Sommer wesentlich länger dauerte als im Winter. Die Unterteilung des Tages stand nicht nur in den Bezeichnungen, sondern auch in der Praxis in Zusammenhang mit der in den Klöstern üblichen Einteilung des Tages nach den Gebetszeiten. So leitet sich etwa das englische Wort *noon* für Mittag von dem lateinischen Wort *nones* ab, der Bezeichnung für die entsprechende Gebetsstunde. Solange künstliches Licht noch rar und kostbar war, wurden die alltäglichen Verrichtungen, vor allem die Arbeit im Freien, durch die Dauer des Tageslichts bestimmt, die sich im Lauf der Jahreszeiten veränderte. Die Tagesarbeit begann für unsere Verhältnisse sehr früh am Morgen nach der Prim (etwa 6 Uhr); vor der Prim durften meist keinerlei Geschäfte getätigt werden. Die Menschen des Mittelalters wurden in der Regel „durch die Glocken regiert", deren Läuten öffentlich kundgab, welche Tätigkeiten zu welchen Zeiten verrichtet werden durften, wie zum Beispiel die Steinmetze in York im 14. Jahrhundert, deren „Zeiten und Stunden" durch eine Glocke reguliert wurden, „die zu diesem Zwecke schlagen sollte". Im Winter endeten Arbeiten im Freien notwendigerweise früher als im Sommer, dennoch erließen viele Gemeinden genaue Vorschriften, wann ein Arbeitstag zu Ende zu gehen habe. Diese unterschieden sich nach Berufszweigen und hingen auch davon ab, ob ein Gewerbe mit Lärm verbunden war, wie zum Beispiel bei den Londoner Schmieden, die im Sommer nur bis 21 Uhr und im Winter bis 20 Uhr arbeiten durften, um Belästigungen der Nachbarn zu vermeiden. Die Abendglocke, die ursprünglich als Vorsichtsmaßnahme gegen Feuer gedacht war, teilte den Handwerkern mit, wann es Zeit war, die Arbeit zu beenden; in den meisten Städten läutete die Abendglocke im Winter um 20 Uhr, im Sommer um 21 Uhr.

Die unterschiedlichen Eigenschaften der Jahreszeiten wurden im Mittelalter immer wieder gewürdigt. Dies kommt in den Werken vieler mittelalterlicher Autoren zum Ausdruck – bei Gelehrten wie bei Dichtern. Eine der klarsten Beschreibungen des Wechsels der Jahreszeiten findet sich in den mittelalterlichen Versionen und Übersetzungen des *Secretum*

Unten: Unter dem Sternzeichen der Waage werden im Oktober Weintrauben zerstampft.

Secretorum („Geheimnis der Geheimnisse"), einer aus dem 12. oder frühen 13. Jahrhundert stammenden lateinischen Übersetzung einer arabischen Abhandlung über Regierung und Staatskunst, die im 10. Jahrhundert entstanden war. Dieses Werk umfaßte auch viele andere Wissensgebiete und war sehr bekannt. Geoffrey Chaucer entlehnte daraus vermutlich viele Einzelheiten der berühmten „Frühlings"-Passage, die den Prolog in seinen *Canterbury Tales* eröffnet. Das *Secretum Secretorum,* eine bemerkenswerte Sammlung faszinierender Fakten und pseudowissenschaftlicher Abhandlungen, blieb jedoch nicht lange jenen Wenigen vorbehalten, die Latein, die Sprache der Gelehrten, beherrschten. Es wurde im Mittelalter in mehrere europäische Sprachen übersetzt, um seinen Inhalt allgemein zugänglich zu machen. In einer mittelenglischen Übersetzung des 15. Jahrhunderts etwa wird die Dauer der Jahreszeiten durch kalendarische Daten und astrologische Konstellationen bestimmt:

> Über den Frühling: Der Frühling beginnt, wenn die Sonne in das Sternzeichen des Widders eintritt, und er dauert dreiundneunzig Tage, dreiundzwanzig Stunden und fünfzehn Minuten, das heißt, er beginnt am elften Tag des März und endet am dreizehnten Tag des Juni. An seinem Anfang sind Tag und Nacht gleich lang (...)
> Über den Sommer: Der Sommer beginnt, wenn die Sonne in das Sternzeichen des Krebses eintritt, und dauert dreiundneunzig Tage, neun Stunden und zwanzig Minuten, das heißt, er beginnt am dreizehnten Tag des Juni und dauert bis zum vierzehnten Tag des September. In dieser Jahreszeit sind die Tage am längsten, und die Nächte werden überall kürzer ...
> Über den Herbst: Der Herbst beginnt, wenn die Sonne in das Sternzeichen der Waage eintritt; er umfaßt dreiundneunzig Tage und sechs Stunden. Er dauert vom vierzehnten Tag des September bis zum zwölften Tag des Dezember. Zu dieser Zeit sind die Tage und Nächte gleich lang ..., und während dieser Phase werden die Nächte wieder länger (...)
> Über den Winter: Der Winter nimmt seinen Anfang, wenn die Sonne in das Sternzeichen des Steinbocks eintritt; er umfaßt achtundachtzig Tage, fünfzehn Stunden und vierzehn Minuten, das heißt die Zeit vom zwölften Tag des Dezember bis zum elften Tag des März. Zu dieser Zeit sind die Nächte am längsten und die Tage am kürzesten (...)

Im Kern betrachtete man die Jahreszeiten als Unterteilungen des Jahres, in denen sich die vier Phasen des Naturzyklus widerspiegeln: Wachstum, Blütezeit, Reife und Absterben. Das *Secretum* beschreibt auch, wie die physische Welt von den Gelehrten des Mittelalters aufgefaßt wurde. Ihrer Ansicht nach existierten deutliche Parallelen zwischen der Struktur der gesamten Schöpfung (dem Makrokosmos) und jener des Menschen (dem Mikrokosmos). Die Welt bestand demzufolge aus den vier „Elementen“ Feuer, Luft, Wasser und Erde. Diese „Elemente“ entstanden aus der Vermischung der vier grundlegenden „gegensätzlichen Eigenschaften“ Hitze, Kälte, Feuchtigkeit und Trockenheit. Das Feuer war heiß und trocken, die Luft heiß und feucht, das Wasser kalt und feucht und die Erde kalt und trocken. Im Körper des Menschen verbanden sich die vier gegensätzlichen Eigenschaften zu den vier „Körpersäften“ oder Substanzen, die das körperliche und geistige Wohlbefinden des Menschen beeinflußten: Blut, Galle, Phlegma (griechisch: zäher Schleim) und Melancholie (schwarze Galle). Aus der Verbindung von Hitze und Feuchtigkeit entstand Blut, das, wenn es in einem Menschen vorherrschte, das positive, „sanguinische“ Temperament hervorbrachte. Hitze und Trockenheit bildeten Galle, die für das eher negative, aufbrausende, „cholerische“ Temperament verantwortlich war. Kälte und Trockenheit erzeugten Melancholie, ein negatives, zu Schwermut neigendes Temperament. Aus Kälte und Feuchtigkeit entstand Phlegma, das einen langsam reagierenden, zur Gleichgültigkeit neigenden Menschentyp hervorbrachte. Nach Auffassung der mittelalterlichen Gelehrten wurde das „Temperament“ oder der „Charakter“ eines Menschen durch das Mischungsverhältnis dieser vier Körpersäfte geprägt. Eine dieser Flüssigkeiten überwog in der Regel, so daß man einen Menschen als „sanguinischen“, „cholerischen“, „melancholischen“ oder „phlegmatischen“ Typ einstufen konnte. Man glaubte, daß zu den verschiedenen Zeiten des Jahres und des Tages jeweils verschiedene Körperflüssigkeiten vorherrschend seien. Das sanguinische Temperament überwog im Frühjahr und in der Zeit von Mitternacht bis 6 Uhr morgens, das cholerische im Sommer und von 6 Uhr früh bis mittags, das melancholische im Herbst und von mittags bis 6 Uhr abends, das phlegmatische im Winter und von 6 Uhr abends bis Mitternacht. Dieser Theorie zufolge waren die Frühlingsmorgen die beste, die Winterabende die schlimmste Zeit des Jahres.

Eine schlichte Darstellung des Elements Wasser; Aquarius, der Wassermann, gießt aus einem Gefäß Wasser aus.

Frühmorgens in einem Bauernhaus. Das enge Zusammenleben mit den Tieren war mit viel Lärm und Gestank verbunden.

Einem modernen Zeitreisenden, der sich ins Mittelalter zurückversetzte, würde auf der zwischenmenschlichen Ebene wohl besonders der Mangel an Privatsphäre auffallen. Dies galt für alle Schichten der Gesellschaft. Bauernfamilien wohnten in strohgedeckten Einraumhäusern aus Lehmflechtwerk häufig in unmittelbarer Nähe zu ihren Tieren. Archäologische Funde lassen den Schluß zu, daß in vielen bäuerlichen Wohnhäusern des „Langhaus"-Typs die Menschen an einem Ende und die Tiere am anderen Ende des langgestreckten Gebäudes untergebracht waren. Auch in den wohlhabenderen Schichten kannte man nur wenig Privatsphäre; hohe Adelige waren nur selten allein, sondern meistens von ihren Höflingen und Dienern umgeben. Sogar das Schlafgemach bot nur selten eine Rückzugsmöglichkeit, denn es wurde zumeist auch zur Abwicklung von Geschäften benutzt.

Die Dienstboten eines herrschaftlichen Hauses schliefen auf Strohlagern in gemeinschaftlichen Schlafsälen. Auch den Naturelementen konnte man nur schwer entfliehen. Die Wände der Haupträume von Burgen und Herrenhäusern wurden zwar mit dicken Wandteppichen behängt, die bis zu einem gewissen Grad Zugluft abhielten, doch in den übrigen Räumen war es meistens kalt und feucht. Auch wenn es genügend Brennholz gab, schufen die Feuer doch eine verrauchte und unangenehme

Die Reichen konnten sich im Winter in ihren komfortablen Wohnräumen an den wärmenden Kamin zurückziehen. In diesem Haus ist das Fenster verglast und das Bett mit üppigen Vorhängen versehen.

Atmosphäre. Schlechte Kerzen erzeugten mehr Rauch als Licht und trugen wenig dazu bei, düstere Gebäude an dunklen Wintertagen zu erhellen. All dies sorgte dafür, daß der Rhythmus des Lebens sehr stark von den Jahreszeiten und der Dauer des Tageslichts bestimmt wurde.

Welcher Gestank durch das enge Zusammenleben von Menschen und Tieren in den mittelalterlichen Behausungen entstand, die nur dürftig mit Waschgelegenheiten und sanitären Einrichtungen ausgestattet waren, läßt sich nur erahnen. Dieses Problem existierte auch noch in jüngerer Zeit: Anfang des 18. Jahrhunderts beklagten sich Höflinge im prunkvollen Palast Ludwigs XIV. in Versailles darüber, daß ihnen zu wenige Aborte zur Verfügung stünden und sie ihre Notdurft häufig in Ecken verrichten müßten.

Wir Menschen des 20. Jahrhunderts haben einen Widerwillen gegen Schmutz, Gestank und Krankheiten entwickelt; der Tod ist heute fast zu einem Tabuthema geworden. Im Mittelalter dagegen standen Geburt und Tod noch in einer viel engeren Beziehung zum Alltagsleben. Die Kindersterblichkeit war hoch, und wer die ersten Jahre überstand, hatte dennoch nur eine geringe Lebenserwartung. Zweifellos erreichten manche Menschen ein sehr hohes Alter, doch dabei handelte es sich meist um hohe Geistliche, die sich besser und gesünder ernährten als die große Mehrheit

Links: Mohnblumen, der Grundstoff für schmerzstillende Opiate, wurden häufig in Kräuterbüchern dargestellt, in denen die Wirkungen von Heilpflanzen beschrieben wurden. Rechts: Ein Arzt behandelt eine Beinverletzung.

der Bevölkerung. Frauen konnten bei der Geburt ihrer Kinder sterben; Männer konnten bei der Arbeit oder im Krieg verletzt oder getötet werden. Man konnte bei einer Wirtshausrauferei erschlagen werden, in einem Wassergraben oder einem Teich ertrinken, von einem ausgebrochenen Tier niedergetrampelt werden oder bei einem Wettkampf im Dorf einen tödlichen Hieb auf den Kopf erhalten. Auch die Kriegsführung war mit großen Gefahren verbunden, nicht nur, weil man auf dem Schlachtfeld umkommen konnte, sondern weil das militärische Leben auch bestimmte „Berufsrisiken“ mit sich brachte. Auch außerhalb des Kampfes konnte man sich Verletzungen zuziehen, wenn man etwa einen Tritt von einem Pferd erhielt, das auf ein Schiff geführt wurde; häufig auch kam es zwischen den Soldaten zu gewaltsamen Auseinandersetzungen, wenn sie eine längere Zeit zusammen verbringen mußten. Auch kleinere Verletzungen, die nicht oder nur schlecht behandelt wurden, oder die Ruhr, die in den

Mit einer Prozession bitten Geistliche und Laien in Rom um ein Ende der Pest; am Rand der Straße liegen Sterbende. Seuchen galten als Strafe Gottes; Flagellanten peitschen sich gegenseitig, um Buße zu tun.

Militärlagern häufig auftrat, konnten zum Tode führen. Wohlstand oder sozialer Status boten keinen Schutz gegen derartige Gefahren; König Heinrich V. von England zum Beispiel starb während eines Feldzugs in Frankreich an der Ruhr.

Medizinische Schriften belegen das Interesse, das man im Mittelalter medizinischen Fragen entgegenbrachte, doch die Behandlung verlief oft wenig erfolgreich. Die einzigen wirksamen Behandlungsmethoden beruhten auf der Verwendung von Heilkräutern und -pflanzen; das Wissen über diese praktischen Heilmittel wurde meist von Frauen oder Mönchen weitergegeben. Häufiger Aderlaß, eine weitverbreitete Behandlungspraxis, schwächte einen Patienten jedoch eher, anstatt seine Genesung zu fördern. Am meisten erschreckt es uns heute, unter welch unhygienischen Bedingungen und mit welch grobschlächtigen Instrumenten damals Operationen durchgeführt wurden – natürlich ohne Narkose.

Das Bewußtsein von der Allgegenwart des Todes verstärkte sich, als Mitte des 14. Jahrhunderts in Europa die Beulenpest auftrat. Sie wurde aus dem Osten eingeschleppt und durch die Flöhe von Ratten übertragen. Die erste und schlimmste Pestepidemie, der Schwarze Tod von 1347 bis 1349, wird häufig als ein historischer Wendepunkt dargestellt, denn in dieser Zeit starb mehr als ein Drittel der Bevölkerung Europas. Die Spätfolgen dieser Katastrophe wurden durch die mehrmalige Wiederkehr der Pest im weiteren Verlauf des 14. und des 15. Jahrhunderts noch verschlimmert; diese Epidemien forderten zwar weniger Opfer, sie verhinderten jedoch, daß die Bevölkerungszahl wieder anwuchs.

Das Mittelalter wird häufig als eine Zeit dargestellt, in der die Gesellschaft von einer korrupten und dringend reformbedürftigen Kirche beherrscht worden sei. Einem modernen Zeitreisenden, der sich in das Europa das späten Mittelalters versetzte, würde jedoch nicht in erster Linie die Unterdrückung durch die Kirche auffallen, sondern die Tatsache, daß die Religion einen normalen Bestandteil des Alltagslebens bildete. Die Menschen besuchten regelmäßig den Gottesdienst, was ganz selbstverständlich zu ihrem Leben gehörte und nicht aufgezwungen war. Die Religion war eng verknüpft mit dem Alltag. Die Predigten von Wandermönchen hatten großen Zulauf, und fahrende Spielleute führten Stücke mit religiösem oder moralischem Inhalt auf. Die Kirche bildete das Zentrum des dörflichen Lebens und erfüllte wichtige soziale Funktionen. Sie unterhielt Schulen, sorgte bis zu einem gewissen Grad für die Kinderbetreuung und bot Reisenden Verpflegung und Unterkunft. Manche wohlhabende Witwe zog sich auf ihre alten Tage in die relative Sicherheit eines Frauenklosters zurück. Viele Menschen sorgten sich um ihr Seelenheil und bemühten sich um ein gottgefälliges Leben, andere dagegen kamen ihren religiösen Pflichten nur oberflächlich nach und vertrauten darauf, daß die Kirche sie schon erretten werde.

Reisen waren im Mittelalter ebenso zahlreich wie beschwerlich. In weiten Teilen Europas gab es nur schlechte Straßen. Die großen Handelsrouten wurden zwar einigermaßen instand gehalten, doch die Wege zwischen den Siedlungen auf dem Land befanden sich oft in einem miserablen Zustand und waren im Winter meist unpassierbar. Der Gummireifen wurde erst Ende des 19. Jahrhunderts erfunden; im Mittelalter stellte man Räder aus dem biegsamen Holz von Jungbäumen her, aber selbst der beste

Adelige bei einem Ausritt im Frühling

Stellmacher konnte nichts ausrichten gegen den schlechten Zustand der Straßen. Besonders kompliziert gestaltete sich der Transport von schweren Gütern; viele kleine Händler beförderten ihre Waren mit Packtieren von Dorf zu Dorf.

All diese Hindernisse vermochten jedoch niemanden abzuschrecken, ob er nun aus beruflichen Gründen oder zum Vergnügen reiste. Viele Menschen des Mittelalters zogen über Land – um geschäftlichen Verpflichtungen nachzukommen, auf der Suche nach Arbeit oder im Auftrag weltlicher oder kirchlicher Autoritäten. Auch Pilgerfahrten waren sehr beliebt, zum einen weil sie einem eindeutigen religiösen Zweck dienten,

Dieser Vogeljäger, der sich einer befestigten Stadt nähert, ist möglicherweise durch Wilderei zu seiner Beute gekommen. Unten: Thomas Arundel, der Erzbischof von Canterbury, unterstützt den Thronanspruch König Heinrichs IV. von England, der 1399 Richard II. absetzte.

zum anderen weil sie ein aufregendes Erlebnis darstellten. Manche Pilger legten weite Entfernungen zurück – die wagemutigsten kamen bis Jerusalem, andere begnügten sich mit nahe gelegenen Wallfahrtsorten. Reisen konnte natürlich gefährlich sein, und auch wohlhabende Leute, denen manche unangenehmen Begleiterscheinungen des Reisens erspart blieben, mußten sich gegen Räuber und natürliche Gefahren schützen.

Reisende sorgten für den Austausch von Nachrichten. Die Händler, die von einem Dorf zum anderen zogen, bildeten die wichtigste Quelle für Informationen über die Außenwelt. Die Nachrichtenübermittlung stellte im Mittelalter ein großes Problem dar und konnte naturgemäß nicht sonderlich schnell sein. Es dauerte zum Beispiel sechs Wochen, bis man 1453 in Rom erfuhr, daß Konstantinopel von den Türken erobert worden war, und noch länger, bis diese wichtige Nachricht nach England gelangte. Einige Herrscher versuchten, schnellere Kommunikationsverbindungen einzurichten, doch diese Bemühungen wurden häufig zunichte gemacht durch die Widrigkeiten der Seeschiffahrt, den schlechten Zustand der Straßen und Brücken sowie durch das Banditenunwesen in abgelegenen Gebieten wie den Apenninen. Viele wichtige Nachrichten wurden durch Predigten in den Kirchen und durch Bekanntmachungen vor der versammelten Dorfbevölkerung übermittelt.

Den Königen war schon damals bewußt, wie wertvoll politische Propaganda sein konnte. Sie konnten dafür aber noch keine Massenmedien einsetzen, sondern mußten sich anderer Methoden bedienen. So sollten zum Beispiel aufwendige Krönungszeremonien die Macht des Königs eindrucksvoll unterstreichen. Die Verbreitung des Gerüchts, die Könige von England und Frankreich verfügten über heilende Kräfte und seien in der Lage, Skrofulose (eine tuberkulöse Erkrankung mit Hautausschlägen) zu kurieren, stärkte natürlich ihre Autorität zusätzlich. Nachrichten von Siegen auf dem Schlachtfeld machten schnell die Runde; auch die Kirche wirkte dabei mit, und häufig ordneten Bischöfe Dankgottesdienste in den Dorfkirchen an. Auch Prozessionen und Paraden ließen sich propagandistisch nutzen, ebenso großangelegte Bauprojekte und üppige Aufwendungen für Kunstwerke.

Im frühen Mittelalter betrachtete man Bildung häufig mit Argwohn. Die Tat zählte in der Regel mehr als das Wort, vor allem als das geschriebene Wort. Man hielt es nicht immer für notwendig, Geschehnisse schrift-

Rechts: Ein Bauer, der seine Parzelle umgräbt, zieht den Hut vor seiner Herrin. Im Hintergrund steht ein Herrenhaus mit Wassergraben und Zugbrücke.

lich festzuhalten. Diese Einstellung veränderte sich jedoch im Laufe des Mittelalters; die Abhängigkeit der Regierungen von Berichten und schriftlichen Aufzeichnungen wuchs, und auch in anderen Teilen der Gesellschaft erkannte man, daß mündliche Überlieferungen oft nicht mehr genügten. Amtliche und geschäftliche Dokumente wurden zunächst in Latein abgefaßt, doch seit dem 14. Jahrhundert bediente man sich dazu vermehrt auch der jeweiligen Landessprache. Die Zunahme des Fernhandels erforderte zum einen eine gebildete Kaufmannsschicht und zum anderen die Entwicklung eines differenzierten Rechnungswesens, wie zum Beispiel der doppelten Buchführung. Die mündliche Überlieferung spielte weiterhin eine wichtige Rolle, doch im Lauf der Zeit entwickelte sich das Lesen zu einer weitverbreiteten Freizeitbeschäftigung unter den Angehörigen höherer Stände. Besonderer Beliebtheit erfreuten sich Liebesgeschichten und Heldensagen; Stundenbücher halfen frommen Menschen, zu Hause zu beten. Aus diesen üppig illustrierten Stundenbüchern stammen viele der Abbildungen im vorliegenden Werk.

Die Gesellschaft des späten Mittelalters war bäuerlich geprägt. Mit Ausnahme von Norditalien und den Niederlanden, wo ein großer Teil der Bevölkerung in Städten wohnte, lebten die meisten Menschen in kleinen Dörfern auf dem Land. Die Gesellschaft war hierarchisch gegliedert. An der Spitze der sozialen Pyramide standen der König und die mächtigen Barone, ihnen folgten größere und kleinere Grundbesitzer, die eine Vielzahl von Pflichten zu erfüllen hatten. Einige von ihnen waren sehr vermögend und verfügten über Herrenhäuser in unterschiedlichen Landesteilen, andere waren weniger gut gestellt und besaßen nur ein einziges Herrenhaus. Landbesitz war die Grundlage des Wohlstands. Die große Mehrheit der Bevölkerung bestand aus Bauern und Leibeigenen, doch auch innerhalb dieser Schicht gab es soziale Abstufungen. Zu ihr gehörten die wohlhabenden Dorfbauern ebenso wie die landlosen Arbeiter, die ein eher kümmerliches Dasein fristeten.

Das bäuerliche Jahr, das aus vier unterschiedlich langen Abschnitten bestand, begann und endete am Michaelistag (29. September), an dem man die letzte Ernte eingebracht haben sollte. Die Geschäftsbücher der großen Güter, in denen die landwirtschaftlichen Tätigkeiten detailliert beschrieben wurden, bezogen sich immer auf den Zeitraum zwischen zwei Michaelistagen. Auf den Gütern des Bischofs von Chichester zum

Die Monate mit ihren typischen Aufgaben. Eine französische Illustration aus dem 15. Jahrhundert zu einer landwirtschaftlichen Abhandlung von Pietro di Crescenzi, einem italienischen Naturforscher aus dem 14. Jahrhundert.

Beispiel bezeichnete man als Winter den Zeitraum zwischen Michaeli und Weihnachten; der Frühling bezog sich auf die Zeit zwischen Weihnachten und der Karwoche; der Sommer dauerte von Ostern bis Lammas, der „Laibmesse" (1. August), als das erste Brot mit der neuen Weizenernte gebacken wurde, und die Periode zwischen Lammas und Michaeli nannte man Herbst oder Erntezeit.

Es verwundert nicht, daß Dichter, Gelehrte und Bauern aufgrund ihrer unterschiedlichen Erfahrungen auch verschiedene Auffassungen über die Dauer, das Wesen und die Bedeutung der Jahreszeiten hatten; ebensowenig überrascht es, daß Dichter aus bestimmten Ländern die Jahreszeiten

auf eine andere Weise beschrieben als ihre Kollegen, die in anderen Ländern oder Klimazonen lebten und ihre Werke adaptierten. Die traditionellen Monatsarbeiten (die typischen Tätigkeiten jeden Monats) waren zwangsläufig in England nicht dieselben wie in Norddeutschland, in der Toskana oder auf Sizilien, dennoch spielten die regionalen Unterschiede, wie sie in Kunst und Literatur dargestellt wurden, in der Praxis eine wesentlich geringere Rolle, als man vermuten würde.

Die Monatsarbeiten stellten ein Erbe der Klassik dar und waren an die Tätigkeiten und mythologischen Figuren angelehnt, die auf römischen Kalendern dargestellt worden waren; ihre mittelalterlichen Versionen besaßen eine, wenngleich häufig nur angedeutete, christliche Grundlage. Sie beruhten auf der biblischen Vorstellung, daß Gott in dieser veränderlichen Welt für eine gewisse Ordnung sorgte: „Ein jegliches hat seine Zeit, und alles Vorhaben unter dem Himmel hat seine Stunde; geboren werden hat seine Zeit, sterben hat seine Zeit; pflanzen hat seine Zeit, ausreißen, was gepflanzt ist, hat seine Zeit (...)“ (Prediger 3, 1–2). Ein Vers aus einem englischen Manuskript von Ende des 15. Jahrhunderts enthält eine typische Darstellung dieser Monatsarbeiten:

Januar	An diesem Feuer wärme ich mir die Hand
Februar	Und mit meinem Spaten bearbeite ich mein Land
März	Hier lasse ich meine Dinge gedeihen
April	Und hier höre ich die Vögel schreien
Mai	Ich bin so unbeschwert wie ein Vogel auf einem Ast
Juni	Und ich jäte mein Getreide ohne Hast
Juli	Mit meiner Sichel mähe ich meine Weide
August	Und hier ernte ich mein Getreide
September	Mit meinem Dreschflegel verdiene ich mein Brot
Oktober	Und hier säe ich meinen Weizen so rot
November	An Martini schlachte ich mein Schwein
Dezember	Und an Weihnachten trinke ich roten Wein

Die monatlichen Tätigkeiten, die hier aufgeführt werden, ähnelten sich in weiten Teilen Europas, trotz aller klimatischen und geographischen Unterschiede, die das Alltagsleben in den verschiedenen Regionen und Ländern beeinflußten. Im Januar war es in den meisten Teilen Europas

Eine eindrucksvolle Landschaft bildet den Hintergrund einer Darstellung der Arbeiten im November. Die Illustration stammt aus dem Ende des 15. Jahrhunderts von Jean Colombe fertiggestellten Stundenbuch *Très riches heures* des Herzogs von Berry, das die Brüder Limburg nach dessen Tod nicht mehr vollendet hatten.

kalt, und es ist daher nicht verwunderlich, daß man sich in dieser Zeit an den Kamin zurückzog und sich wärmte oder Feste feierte. In Gegenden, in denen im Januar viele Feste gefeiert wurden, machte man es sich im Februar vor dem Feuer gemütlich. Im März begann man mit der Feldarbeit oder stutzte Obstbäume; im April und im Mai, wenn die Blumen zu blühen begannen, widmete man sich wieder angenehmeren Tätigkeiten. Die meisten Darstellungen der Monatsarbeiten zeigen die Menschen jedoch bei der Arbeit. Die Getreideernte wird in Italien, Frankreich und Spanien als Haupttätigkeit der Monate Juni und Juli dargestellt, in Deutschland und England dagegen eher im Juli und August. Auch das Dreschen wird in englischen und deutschen Illustrationen später angesetzt (üblicherweise im September) als in den italienischen, französischen und spanischen Darstellungen, wo es im Juli und August stattfindet. Auf dem europäischen Festland ordnet man dem September und dem Oktober vor allem die Weinernte zu und stellt das Pflücken und Treten der Trauben und das Abfüllen des Weins in Fässer dar. Auch in englischen Manuskripten finden sich Darstellungen der Weinernte, denn auch in England war im späten Mittelalter Weinbau möglich. Er wurde jedoch zunehmend unwirtschaftlich, als preisgünstige Weine aus der Gegend von Bordeaux eingeführt wurden. Im Oktober, November und Dezember sorgt man auf vielfältige Weise für den Winter vor, mästet die Schweine und Ochsen, die man schließlich schlachtet, und sammelt Holz im Wald. In den letzten drei Monaten des Jahres beschäftigt man sich aber auch schon wieder mit der Aussaat, um die erste Getreideernte des folgenden Jahres sicherzustellen. Im Dezember stehen ebenso wie im Januar Feste im Vordergrund; die Weihnachtszeit wird vor allem in gastronomischer Hinsicht sehr ernst genommen.

Wenngleich sich die Darstellungen der Monatsarbeiten fast überall ähnelten, schmälerte dies nicht ihre Bedeutung, wie sich aus der Beliebtheit und der häufigen Verwendung ihrer Motive schließen läßt. Dies gilt insbesondere für die Stundenbücher, die Gebetbücher der Laien, die vor allem für Adelige angefertigt wurden. Die Nachfrage nach Illustrationen der Monatsarbeiten ermöglichte es den Malern, ihre aristokratischen Auftraggeber durch präzise Beobachtungen der Natur und der Jahreszeiten zu erfreuen. Das Interesse an Stundenbüchern wuchs im späten Mittelalter in den gehobenen Schichten so sehr, daß es sogar zum Gegenstand satirischer Dichtungen wurde:

Ein Schnitter bei der mühsamen Feldarbeit im Sommer.

Auch ich muß ein Stundenbuch besitzen,
worin sich handwerkliches Können zeigt,
Golden und azurblau, reich und schick,
Arrangiert und gemalt mit großer Kunst,
Umhüllt mit feinem Brokat aus Gold,
Zum Verschließen müssen die Seiten
Versehen sein mit zwei goldenen Schnallen.

Diese Beschreibung bringt das ästhetische Vergnügen zum Ausdruck, das der Besitz eines reich illustrierten Gebetbuchs bereitete. Die Stunden-

Trotz der opulenten Aufmachung vermag diese Muttergottes, die liebevoll ihr Kind in den Armen hält, auch dem gewöhnlichen Sterblichen die Liebe Gottes zu erschließen. Links stellt der hl. Jakob, kenntlich an der Muschel, der Muttergottes einen frommen Mann vor. Bei diesem handelt es sich vermutlich um den Auftraggeber des Forster-Stundenbuches.

bücher entwickelten sich zu Bestsellern des späten Mittelalters und ließen alle anderen Werke – ob religiös oder weltlich – hinter sich.

Doch nicht nur Eitelkeit oder Besitzerstolz trieb die Menschen dazu, Stundenbücher zu erwerben. Im späten Mittelalter wuchs allgemein die Frömmigkeit unter den Laien; viele Leute, insbesondere Frauen, achteten sehr darauf, die täglichen Andachten zu den genau vorgeschriebenen „kanonischen Stunden“ zu absolvieren. Nur wenige Laien gingen so weit, all die Gebete zu sprechen, die von Priestern und Mönchen verlangt wurden, doch viele strebten danach, ein eigenes Gebetbuch zu besitzen, um zu Hause ihre private Andacht verrichten zu können. Auch beim Gottesdienst verwendeten sie diese häufig. Besondere Verehrung brachte man der Jungfrau Maria entgegen; sie rangierte noch vor den Heiligen, doch als menschliches Wesen war sie zugleich auch weniger ehrfurchtgebietend als Gott und dadurch nahbarer. In vielen Stundenbüchern standen Messen oder Gebete zu Ehren der Jungfrau Maria im Mittelpunkt.

Die Stundenbücher enthalten, mehr oder weniger nebenbei, viele Informationen über den Lauf des Lebens und der Zeit in der diesseitigen Welt. Sie unterstreichen aber auch die Bedeutung, die man im Mittelalter dem ewigen Leben, dem Leben jenseits und außerhalb der Zeit beimaß. Das Ziel eines Christen bestand darin, sein Leben auf Erden so zu führen, daß ihm später das Geschenk der ewigen Glückseligkeit im Himmel und die Befreiung von Zeit und Tod zuteil werden würde. Denn für Gott, der außerhalb der Zeit stand, waren alle Erdenzeiten eins. In einem Stundenbuch aus dem 15. Jahrhundert kniet Isabella Stuart, die Herzogin der Bretagne, vor der Jungfrau und dem Kind, denen sie durch die hl. Katharina vorgestellt wird; solche „anachronistischen“ Szenen kommen sehr häufig vor und sollen die Frömmigkeit der Menschen zum Ausdruck bringen. Das Bestreben, die Zeit zu transzendieren und den Leser an die Ewigkeit zu gemahnen, brachte manchmal aber auch Geschmacklosigkeiten und Übertreibungen hervor, wie zum Beispiel in den *Grandes Heures,* die der Herzog von Berry noch zu seinen Lebzeiten in Auftrag gab; eine Miniatur darin zeigt, wie Petrus den Herzog an den Pforten des Himmels persönlich in Empfang nimmt.

Die prunkvollen und sehr ansprechenden Illustrationen der Stundenbücher vermitteln viele Informationen über die mittelalterliche Welt. Die Szenen, mit denen der Hauptteil illustriert wurde, kreisen zwar häufig um

Im Playfair-Stundenbuch werden die Schäfer, die mit Staunen die Nachricht von der Geburt Christi vernehmen, als einfache bäuerliche Menschen gezeigt. Einer hat einen Dudelsack im Arm, ein typisches Musikinstrument englischer Bauern.

religiöse Themen, liefern aber auch wichtige Erkenntnisse über die Kleidung der Menschen und unterschiedlichste Aspekte des Alltagslebens. Wo der Engel den Schäfern die Geburt des Heilands verkündet, sehen wir die mittelalterlichen Schäfer inmitten ihrer Herden; wo die Jungfrau zu Hause gezeigt wird, erhalten wir einen Einblick in mittelalterliche Häuser. Gemalte Rahmen, die den Text oder die Illustrationen umgeben, bestehen häufig aus kunstvoll wiedergegebenen Tieren, Blumen oder ländlichen Szenen. Besonders wertvoll sind die einleitenden Seiten der Stundenbücher – die Kalenderseiten –, auf denen die 365 Festtage des Kirchenjahres aufgelistet werden. Häufig wird jedem der zwölf Monate eine Doppelseite gewidmet, auf der das jeweilige Tierkreiszeichen und die Arbeiten dieses Monats dargestellt sind. Obwohl sich auf den folgenden Seiten häufig idealisierte Darstellungen finden – die Weintrauben sind voll und rosig, das Schwein, das geschlachtet werden soll, ist gut gemästet, das Getreide voll ausgereift –, liefern sie uns wichtige Erkenntnisse über die bäuerliche Arbeit, die in den landwirtschaftlichen Handbüchern und den Geschäftsbüchern der Güter zwar auch beschrieben, aber nicht illustriert wird. Die Konzentration auf ländliche Szenen weist darauf hin, daß sich die Menschen des Mittelalters, auch die Städter, stark mit der bäuerlichen Welt identifizierten.

Mit der Arbeit auf dem Lande befaßt sich auch das vorliegende Werk in erster Linie, mit dem Alltagsleben im Wandel der Jahreszeiten. Was wurde wann und wo angebaut? Welche Tätigkeiten standen im spätmittelalterlichen Europa zu den verschiedenen Jahreszeiten im Vordergrund? Manche Tätigkeiten waren, wie auch heute noch, eng mit dem natürlichen Zyklus verbunden – Lämmer werden im Frühjahr geboren, Heu erntet man im Juni. Andere unterscheiden sich grundlegend; so ist es zum Beispiel heute nicht mehr nötig, vor dem Winter Tiere zu schlachten, weil man sie in den Wintermonaten nicht unterbringen und füttern kann. Die europäische Gesellschaft des späten Mittelalters unterschied sich stark von unserer, doch die Spannweite menschlicher Gefühle, die in der Literatur dieser Epoche zum Ausdruck kommt – die Freude am Beginn des Frühlings, die Niedergeschlagenheit im Winter, die Trauer beim Tod eines geliebten Menschen –, zeigt, daß es zahlreiche Berührungspunkte gibt zwischen Vergangenheit und Gegenwart, zwischen der Welt des späten Mittelalters und jener des späten 20. Jahrhunderts.

FRÜHLING

Links: Die Aussage des *Secretum Secretorum,* es gebe „keine bessere Jahreszeit als den Frühling", hätte bei diesem Liebespaar auf einem Pferd zweifellos Zustimmung gefunden.

Die mittelalterlichen Dichter stellten den Frühling über alle anderen Jahreszeiten. Nach der Definition des *Secretum Secretorum* begann er, wenn die Sonne Mitte März in das Zeichen des Widders eintrat, und endete, wenn sie Mitte Juli das Zeichen des Krebses erreichte. Das *Secretum* schildert ihn als eine besonders angenehme Jahreszeit:

Die Luft wird klar, die Winde wehen sanft, der Schnee schmilzt, die Flüsse tauen auf. In den Bergen sprudeln erneut die Quellen, Feuchtigkeit steigt in die Wipfel der Bäume, die Zweige treiben Knospen, die Saat auf den Feldern geht auf, das Getreide beginnt zu wachsen, und die Wiesen ergrünen. Die Blumen erblühen, die Bäume erhalten ein neues Laubkleid, und die Erde bringt Kräuter und Gräser hervor. Die Tiere zeugen Junge, die Vögel singen, und das Lied der Nachtigall ertönt in Feld und Flur. Die Erde legt ihr schönstes Gewand an und gleicht darin einer jungen Braut, die mit Juwelen und bunten Kleidern angetan ist.

Das warme und feuchte, aber noch gemäßigte Wetter des Frühlings, das dem Element Luft und der Körperflüssigkeit Blut entspricht (den Merkmalen des glücklichen „sanguinischen" Temperaments) fördert ein bestimmtes Verhalten auf dem Gebiet der Ernährung und der Hygiene:

Und im Frühling wird das Blut in Bewegung gesetzt und in allen Teilen des Leibes verteilt, und dies begünstigt alles, was gemäßigt ist. Und so muß auch die Ernährung in dieser Jahreszeit beschaffen sein. Die Italiener essen in dieser Zeit Huhn, Brachvogel, Eier und wilde Pflanzen, die von den Arabern „Scariole" genannt werden, und sie besitzen auch die Angewohnheit, Ziegenmilch zu trinken. Es gibt keine bessere Jahreszeit als den Frühling.

Zur Gesundheitsvorsorge empfiehlt das *Secretum Secretorum* im Frühjahr den Aderlaß, den Geschlechtsverkehr (der Frühling ist die einzige Jahreszeit, in der sexueller Verkehr uneingeschränkt gutgeheißen wird), Bäder, das Trinken gewürzter Getränke zur Anregung der Verdauung sowie die Verwendung von Abführmitteln.

Die Schönheit und Unbeschwertheit des Frühlings, die von den Schriftstellern so überschwenglich gefeiert wurde, eröffnete auch den bildenden Künstlern verlockende Möglichkeiten: Da Schriftsteller wie Maler dazu neigten, die Natur als Spiegel der menschlichen Gefühle zu sehen, verbanden sie die Anmut des Frühlings mit dem neuen Erwachen der Lebensgeister nach den Beschwernissen eines langen, dunklen Winters. Der Frühling erschien vor allem als die Jahreszeit der Jugend und der Freude. So gab es zum Beispiel im „Frühlingsgarten“ des *Rosenromans,* einer berühmten Dichtung aus dem 13. Jahrhundert, keinen Platz für das Alter. So wie die Tiere, ihrem Instinkt folgend, im Frühling einander umwarben und sich paarten, so suchten auch junge Männer und Mädchen nach einem passenden Gefährten.

Gefeiert wird der Frühling insbesondere auch deswegen, weil er das Wohlbefinden der Menschen und der Tiere fördert und es ihnen erlaubt, sich an der Schönheit der Natur zu erfreuen, wie es in einem alten englischen Lied zum Ausdruck kommt:

Sumer is icumen in –
Lhude sing! cuccu.
Groweth sed and bloweth med
And springth the wude nu –
Sing cuccu.
[Der Frühling (= sumer) ist gekommen – sing laut, Kuckuck! Die Saat geht auf, die Wiesen erblühen, und das Laub wächst in den Wäldern – sing, Kuckuck!]

Die beschwingte Melodie, die für dieses Lied überliefert ist, verkörpert die schier grenzenlose Energie und die Lebenskraft des Frühlings; in den weiteren Strophen ist die Rede von einem Mutterschaf, das nach seinem Lämmchen blökt, vom Herumtollen der Ochsen und Böcke und von der Hoffnung, der Kuckuck möge niemals wieder verstummen.

Dieser junge Mann geht bei seiner Angebeteten recht forsch zu Werke, die scheint sich jedoch mehr für ihren Dudelsack zu interessieren. Unten: Entfernt von den Begleitern macht es sich dieses adelige Liebespaar auf Kissen bequem. Beide sind kostbar gekleidet und tragen aufwendige Kopfbedeckungen.

Eine idealisierte Darstellung eines Kaninchengeheges. Viele Gutsherren sorgten für einen reichen Kaninchenbestand, indem sie derartige Gehege anlegten.

Die Freude darüber, daß auf die entbehrungsreiche Zeit des Winters die Wonnen des Frühlings folgen, kommt in den *Carmina Burana* zum Ausdruck, einer Liedersammlung aus dem 13. Jahrhundert:

Winter, nun schwindet, was grimmig getost,
schwindet die Starre, die Kälte, der Frost,
eisige Wildheit und stürmischer Ost,
mürrische Tage und grämlicher Rost,
Dürre und Blässe, der Schmerz ohne Trost.

Frühling ist da, ein Geflimmer, Gegleiß,
strahlende Bläue und blendendes Weiß,
nachts der Plejaden matt schimmernder Kreis;
endlich zerronnen das widrige Eis:
Sonne, willkommen, so herrlich und heiß!

Geoffrey Chaucer beschreibt in seiner Dichtung *The Book of the Duchess* (Das Buch der Herzogin), einer Elegie für die Herzogin von Lan-

Eine ländliche Idylle: Schäfer feiern auf einer blumenübersäten Wiese den Einzug des Frühlings mit Musik. Einer spielt Flöte, der andere auf einer Maultrommel.

caster, eine wunderschöne Traumlandschaft, die „die Armut vergessen hatte, unter der sie im Winter mit seinem Kummer zu leiden gehabt hatte"; im Prolog zu seinem Werk *The Legend of Good Women* (Die Legende der guten Frauen) spricht er davon, daß die Erde im Begriff sei, die Bedrängnisse des Winters abzuschütteln.

Von den Freuden der Natur ist es nur ein kleiner Schritt zu den Freuden der Liebe. Ein mittelalterlicher englischer Dichter kommt nach einem Hinweis auf den Frühling auf seine Zuneigung zu der schwarzhaarigen Alison zu sprechen: „Im März und April, wenn die Zweige zu grünen beginnen, singt der kleine Vogel. Ich empfinde liebendes Verlangen nach dem schönsten aller Geschöpfe (...)"

Dem englischen Dichter T. S. Eliot (1888–1965) erscheint der April dagegen als

... der grausamste Monat, er treibt
Flieder aus toter Erde, er mischt
Erinnern und Begehren, er weckt
Dumpfe Wurzeln mit Lenzregen.

Fast alle Dichter des Mittelalters betrachteten den Mai als jenen Monat, der heitere, aber auch verwirrende Gefühle erweckte; ohne Rücksicht auf regionale Unterschiede verliehen sie ihm immer wiederkehrende Erkennungsmerkmale: Vogelgezwitscher (insbesondere jenes der Nachtigall), Sprießen der Blätter, neue Blüte und wohltuende Wärme. Glückliche Liebende befanden sich im Einklang mit ihrer Umwelt; die Unglücklichen jedoch nahmen das Wiedererwachen der Lebenskräfte um so schmerzlicher wahr. In einem englischen Gedicht aus dem frühen Mittelalter wird dies knapp und präzise ausgedrückt: „Die Vögel sind im Walde, die Fische im Wasser, ich aber muß schier verrückt werden; ich werfe mich ruhelos hin und her wegen des schönsten Mädchens aus Fleisch und Blut."

Ein bewegendes Beispiel vergeblicher Liebe findet sich in den *Cambridge Songs,* einer englischen Sammlung mittelalterlicher lateinischer Lyrik. Hier beschreibt ein Mädchen seine zunehmende Entfremdung von seiner Umgebung:

Sanft weht der Westwind;
Warm zieht die Sonne über den Himmel;
Die Erde öffnet ihren Schoß;
Und all die Süße fließt ...

Ich sehe es mit meinen Augen,
Ich höre es mit meinen Ohren,
Doch in meinem Herzen seufze ich
Und bin voller Kummer.

Gedankenversunken sitze ich,
Und schrecke zusammen, wenn ich daran denke,
Manchmal hebe ich meinen Kopf,
Und kann weder hören noch sehen ...

Die Dichter des Mittelalters brachten ihr Anliegen häufig durch Naturschilderungen zum Ausdruck. So übertrugen sie in vielen Gedichten ihre eigenen Stimmungen und ihr Verhalten auf andere Lebewesen, vor allem auf Vögel, die sie von ihrer Liebe, ihren Hoffnungen und Enttäuschungen sprechen ließen. Zu den gelungensten Werken dieser Art gehört Chaucers

Eine Bootspartie beim Maifest wird von Musik begleitet. Der Jahreszeit zu Ehren ist das Boot mit jungen Zweigen geschmückt. Am Ufer gegenüber geht eine Gruppe von Männern der Falkenjagd nach.

Traumdichtung *The Parliament of Birds* (Das Parlament der Vögel). Hier wird eine Versammlung der Vögel einberufen, in der jeder sich am Valentinstag einen Gefährten wählen soll. Dieser Tag ist jedoch ein milder Frühlingstag und nicht, wie man es in England im Februar erwarten müßte, ein kalter Wintertag; der Realismus wird hier also der literarischen Konvention geopfert, die für Gespräche über die Liebe einen frühlingshaften Hintergrund verlangt.

Der Literatur und der Kunst blieb auch nicht verborgen, daß manche kirchlichen Feste, die sich auf die Thematik der Wiedergeburt bezogen, mit dem Beginn des Wachstums in der Natur zusammenfielen. Das Kirchenjahr beginnt nicht im Frühling, sondern in der Endphase des natürlichen Zyklus, dem Advent, einer Zeit der Buße und der Erwartung, die die vier Sonntage vor Weihnachten umfaßt. Der Advent führt über Epiphanias (dem Dreikönigsfest am 6. Januar) zur Fastenzeit, die dem beweglichen Osterfest vorausgeht. Die Fastenzeit, die mit den Unannehmlichkeiten und Entbehrungen des letzten Winterabschnitts zusammenfällt, erscheint immer als eine karge und wenig erfreuliche Zeit, während Ostern, das Fest der Auferstehung Christi, das den reumütigen Christen auf Erlösung hoffen läßt, mit dem Wiedererwachen der Lebenskräfte in der Natur und den ersten Anzeichen einer Besserung des Wetters verbunden ist. Noch deutlicher war die Parallele von Wachstum und Fruchtbarkeit im kirchlichen und im natürlichen Jahr beim Fest der Verkündigung Mariens, das auf den 25. März festgelegt war, neun Kalendermonate vor Weihnachten; an die-

sem Tag soll Maria durch den Erzengel Gabriel erfahren haben, daß sie den Sohn Gottes empfangen werde. Die Feier der wundersamen Schwangerschaft einer Jungfrau, die der sündenbeladenen Menschheit die Hoffnung auf das ewige Leben bringen sollte, fand ihre Entsprechung in dem neuen Wachstum, das nun in der Natur einsetzte.

Die traditionelle Sprache und Metaphorik der weltlichen Frühlings- und Liebeslyrik wurde dazu verwendet, die Unbeflecktheit Mariens zu preisen, sie dafür zu rühmen, daß sie bereitwillig die Rolle der Muttergottes übernommen hatte, und Christus dafür zu danken, daß er in seiner unendlichen Liebe zu den Menschen gekommen war. Ein mittelenglisches Ostergedicht beginnt mit Zeilen, die sich auch in einem Gedicht über die irdische Liebe finden könnten: „Der Frühling ist gekommen und der Winter gegangen; die Tage werden länger, und die Vögel beginnen zu singen. Doch schwer bedrückt mich der Kummer, trotz all der Freude in der Welt, wegen eines jungen Edelmannes, der sehr huldvoll ist mit seiner Hand." Dieser „junge Edelmann" ist Jesus Christus. Er erscheint als idealisierter Held, in den man sich im Frühling verlieben könnte.

Die Verwendung der Frühlingslyrik für religiöse Zwecke knüpfte an die Praxis der Kirche an, die Bibel allegorisch zu interpretieren und als Ausdruck der Liebe Christi zur Kirche oder zur gläubigen Seele zu deuten. Sowohl die religiöse Lyrik als auch die Liebeslyrik wurden stark beeinflußt durch das „Hohelied Salomos" im Alten Testament, einem leidenschaftlichen Liebeslied, das zahlreiche Gartenmetaphern verwendet. Diese allegorische Tradition verband sich mit den Veränderungen, die sich im religiösen Denken vollzogen. Dies galt insbesondere für die zunehmende Bereitschaft, Familie und Erotik nicht als eine Verirrung zu interpretieren, die man bekämpfen mußte, sondern als eine Stufe auf dem Weg zur Liebe Gottes und als eine geeignete Möglichkeit, die Sehnsucht des Menschen nach Gott zum Ausdruck zu bringen:

> Nun, da ich sehe, wie die Blumen erblühen und höre, wie die Vögel singen, erwacht in meinem Herzen ein süßes Verlangen, hervorgerufen durch eine neue Liebe, die so lieblich und wahr ist, daß mein Herz jubiliert. Ich weiß, daß mein Leben und mein Glück vollständig davon abhängen. Ich singe von Jesus Christus, der so schön und edel ist; wahrlich, ihm muß ich gehören (...)

Diese flämische Buchmalerei aus dem 15. Jahrhundert zeigt die Verkündigung an Maria. Der Erzengel Gabriel wird als gutaussehender Adeliger dargestellt, während Maria als bescheidene, junge Frau von vornehmer Herkunft erscheint. Die Tiere und Pflanzen neben dem Bild sollen auf das Wiedererwachen des Lebens hinweisen.

Einige landwirtschaftliche Tätigkeiten im Frühjahr: Vorne werden Ruten geschnitten und zu einem Zaun geflochten, rechts wird ein Baum mit der Axt zurückgestutzt, im Hintergrund wird ein Feld gepflügt.

Die Sprache der höfischen Liebe ermöglichte es, die Jungfrau Maria als eine archetypische Verkörperung der Liebe darzustellen – manchmal in einer frühlingshaften Umgebung, bisweilen auch, indem man sie mit den natürlichen Reizen des Frühlings verglich.

Die Gefilde der höfischen Liebe und der religiösen Metaphorik waren jedoch meilenweit entfernt von der Welt der mittelalterlichen Bauern, denen man verzeihen konnte, daß sie das Heraufziehen des Frühlings mit

gemischten Gefühlen betrachteten. Denn einerseits bedeutete dies, daß die Tage länger wurden, die Entbehrungen des Winters und der Fastenzeit ihr Ende fanden und daß es wärmer wurde. Man mußte nun nicht mehr soviel Zeit in den dunklen, verrauchten Behausungen verbringen, in denen es kaum Kamine und nur schmale Fenster gab, die häufig nur mit behelfsmäßigen Läden verschlossen waren. Auf der anderen Seite markierte der Frühling aber auch den Beginn der harten Feldarbeit. Nicht nur die großen Gemeindeäcker in den Dörfern mußten bestellt werden, auch auf den Ländereien des Gustherrn gab es viel zu tun. Erst wenn diese Verpflichtungen alle erfüllt waren, konnte sich ein Bauer seinem eigenen kleinen Garten widmen, in dem er unterschiedliche Pflanzen anbaute, um die Ernährung seiner Familie abwechslungsreicher zu gestalten: Besonders beliebt waren heimische Gemüsesorten wie Kohl, Lauch, Zwiebeln, Bohnen und Erbsen sowie Äpfel, Birnen, Kirschen und Nüsse.

Den Winter hatte man genutzt, um Arbeitsgeräte zu reparieren. In der Dorfschmiede waren neue Pflugscharen angefertigt, Messer und Äxte geschärft und die Griffe der Sicheln und Hippen erneuert worden. Mit den Getreidevorräten, die über den Winter sorgfältig verwahrt worden waren, fütterte man nun die Zugtiere, damit sie zu Kräften kamen, um im März die schwere Arbeit des Pflügens verrichten zu können. In den Mittelmeerländern konnte man leichtere Pflüge verwenden, weil die oberste Erdschicht dünn und trocken war, doch auf den Lehmböden im nördlichen Europa wurde schon im frühen Mittelalter der schwere Räderpflug eingeführt; die Räder trugen einen Teil seines Gewichts, so daß die Zugtiere, üblicherweise Ochsen oder Pferde, entlastet wurden.

Im Mittelalter erzielte man noch wesentlich niedrigere Ernteerträge als heute; die Erträge hingen davon ab, ob Düngemittel eingesetzt werden konnten und inwieweit sich der Boden bearbeiten ließ. Im Winter hatte man den Dung der Tiere gesammelt und verteilte ihn nun zu Beginn des Frühlings über die Felder. Das Stroh, das im Stall zum Einstreuen verwendet worden war, vermischte man mit Erde und karrte es auf die Äcker, bevor sie umgepflügt wurden. Ein alternativer, aber sehr guter Dünger war Mergel, ein Kalk-Erde-Gemisch, das jedoch nicht überall zur Verfügung stand; das Ausbringen von Mergel auf die Felder und Äcker wird in den Geschäftsbüchern vieler Güter erwähnt. Sogar den Mist der Tauben nutzte man als Düngemittel.

Welche Pflanzen angebaut wurden, hing vom Klima und der Gegend ab. Im späten Mittelalter herrschte in Europa das System der Dreifelderwirtschaft vor, eine Bodennutzung in dreijährigem Turnus, die einer Überbeanspruchung des Bodens vorbeugen sollte: Ein Drittel des Landes ließ man brachliegen, auf dem zweiten Drittel baute man Wintergetreide an, auf dem letzten Drittel Sommergetreide. Im Frühjahr säte man im allgemeinen Pflanzen aus, die als Pferdefutter oder zur Herstellung von Getränken dienten, vor allem Hafer und Gerste, im Herbst baute man Getreidesorten an, aus denen Brot erzeugt wurde, also Roggen und Weizen. Hafer bildete die wichtigste Futterpflanze und wurde auch noch weit im Süden angebaut. Er vertrug jedoch die Sommerhitze in den Mittelmeerländern nicht, so daß man hier die Zugtiere bevorzugt mit Gerste fütterte. Die besonders robuste Gerste konnte auch noch in Skandinavien angepflanzt werden. Sie diente als Grundstoff für die Herstellung von Brei und Brot; durch Gärung konnte man aus Gerste auch Bier gewinnen. Auch Roggen und Hirse waren weit verbreitet.

Wie die Illustrationen vieler Stundenbücher zeigen, wurde im März das erste Mal gepflügt und geeggt. Anschließend streute man die Samenkörner, die man im Winter sorgsam aufbewahrt hatte, auf dem Acker aus. Der Sämann hängte sich eine Kiste, die „Saatlippe“, um den Hals und streute die Körner mit der Hand. Eine Beschreibung in einer Abhandlung über die Landwirtschaft läßt auf einen rhythmischen Bewegungsablauf schließen: Wenn sich der rechte Fuß vorne befand, nahm man eine Handvoll Saatgut aus dem Behälter; wenn sich der linke Fuß nach vorne bewegte, streute man die Körner aus. Man konnte das Saatgut aber auch in einer Schürze bei sich tragen. Erbsen und Bohnen wurden auf andere Weise ausgesät, häufig von Frauen: In mühsamer Arbeit wurden die Löcher einzeln mit einem spitzen Stab ausgestochen und dann nacheinander mit den Samen gefüllt. Hülsenfrüchte spielten unter den mittelalterlichen Nahrungsmitteln eine wichtige Rolle.

Die größte Gefahr drohte den jungen Pflanzen in dieser Jahreszeit von den Vögeln, die die Saat aus der Erde pickten. In seinem Buch von der Landwirtschaft, das gegen Ende des 13. Jahrhunderts verfaßt wurde, warnte Walter von Henley vor „Krähen, Tauben und anderen Vögeln“, die die Körner oft gleich nach der Aussaat fraßen. Um die Saat zu schützen, wurde unmittelbar nach dem Säen abermals geeggt. Gutsbesitzer besaßen

Die drei wichtigsten Feldarbeiten im Frühjahr: Im Hintergrund ziehen zwei Pferde einen schweren Räderpflug, in der Mitte sät ein Mann Körner aus einer Schürze, vorne wird eine Egge über die frische Saat gezogen.

in der Regel eine echte Egge mit Zähnen auf der Unterseite; ärmere Bauern mußten sich mit einer einfachen Buschegge behelfen, einem Stück Strauch, das über den Boden gezogen wurde. Mittelalterliche Illustrationen zeigen häufig Kinder, die einer Egge folgen und dabei die Scharen gieriger Vögel durch Steinwürfe verscheuchen. In einer Illustration aus Frankreich ist ein Mann hinter einer Egge abgebildet, der mit Pfeil und

Weinreben mußten zu Beginn des Frühjahrs beschnitten und um Pfähle gewickelt werden. Später konnte man vom hölzernen Aussichtsturm aus das Reifen der Trauben überwachen.

Bogen die Vögel vertreibt und sich damit eine willkommene Ergänzung für den heimischen Speiseplan verschafft. Üblicherweise wurden Vögel jedoch in Fallen oder in Netzen gefangen.

Jenes Drittel der Anbaufläche, das man brachliegen ließ, wurde manchmal als Schafweide genutzt. Doch auch dieses brachliegende Land mußte bearbeitet werden, und im April wurde es zum ersten Mal gepfügt, um den harten, gefrorenen Boden aufzulockern.

Pflügen, Eggen und Säen bildeten die Hauptaufgaben zu Beginn des Frühlings. Wenn sie erledigt waren, warteten neue Arbeiten auf die Bau-

Diese wohlgenährten Vögel wurden zweifellos für den eigenen Verbrauch gemästet und wehren sich nicht gegen das Netz. Eine weitere Nahrungsquelle erschließt der Mann, der hinten in einem Wassergraben fischt.

ern – auf ihrem eigenen Stückchen Land, dem Gemeindeacker (Allmende) und dem Land des Gutsherrn. Diese Aufgaben unterschieden sich von Region zu Region, doch fast überall mußte man Gräben ausräumen oder beschädigte Uferbefestigungen, Hecken und Zäune ausbessern. Die Rechnungsbücher der großen Güter liefern ein lebendiges Bild des Lebens auf dem Lande zu den verschiedenen Jahreszeiten. Aus ihnen läßt sich zum Beispiel entnehmen, wieviel es kostete, Arbeitsgeräte zu reparieren, Tiere zu halten oder Mühlen, Kuhställe und andere landwirtschaftliche Gebäude instand zu setzen – und in ihnen sind auch alle sonstigen Ausgaben ver-

zeichnet, wie zum Beispiel die zwei Pence Belohnung, die ein Mann für das Einfangen von 16 Maulwürfen auf einer Wiese des Erzbischofs von Winchester erhielt. Sie beschreiben auch die Tätigkeiten, die die Dorfbewohner auf den Gütern zu verrichten hatten. Diese waren sehr vielfältig und umfaßten in dieser Jahreszeit unter anderem das Ausbringen von Dung, das Decken von Schafställen, das Zimmern von Schafsgehegen, das Reinigen des Mühlenteiches, die Beförderung von Holzstämmen zur Mühle, den Bau von Umzäunungen, den Transport von Brennholz zum Herrenhaus, das Anlegen von Fischteichen, das Waschen und Scheren der Schafe – und natürlich Pflügen und Eggen.

In den Büchern einiger Güter wird auch der Bau von Gebäuden mit Holz oder mit Lehmflechtwerk erwähnt; dafür mußten Baumstämme gefällt und Werkzeuge hergestellt oder repariert werden. Der Umfang dieser Verpflichtungen war unterschiedlich, doch viele Bauern verbrachten in den arbeitsreichsten Jahreszeiten einen großen Teil der Woche mit der Arbeit für ihren Gutsherrn.

Doch wenn im Frühling und im Sommer die Tage länger wurden, konnten viele Bauern die Arbeit für den Gutsherrn bereits vor Einbruch der Dunkelheit beenden und fanden dadurch noch Zeit, sich um ihre eigenen Häuser und Gärten zu kümmern. Nach einem strengen Winter mußten die Hütten häufig ausgebessert werden; dafür bekam ein Bauer oft vom Grundherrn Holz gestellt. Pflanzen konnte man innerhalb der kleinen Einfriedung um die Hütte anbauen.

Thomas Tusser, ein englischer Argarökonom und Versdichter aus dem 16. Jahrhundert, empfahl: „Im März und April, von morgens bis abends,/ beschäftigen gute Hausfrauen sich mit Säen und Pflanzen:/ In einem Garten oder auf einem anderen Stück Land/ Um ihr Haus zu verschönern und ihre Küche zu versorgen.“ Diese Pflanzen lieferten eine willkommene Ergänzung zur Hauptnahrung, die aus Brot und dicker Suppe – im Grunde eine wäßrige Brühe, der man Gemüse beifügte – bestand.

Im März empfahl Thomas Tusser Lauch: „Nun ist die Jahreszeit für Lauch, denn er ist für die Suppe sehr gut,/ er schont die Milchkuh und reinigt das Blut./ Bereitet man daraus mit Erbsen eine Suppe in der Fastenzeit/ spart man sowohl Hafer wie auch Brot.“ Erbsen und Bohnen wurden auch auf den gemeinschaftlichen Äckern angebaut, um sie als Futter für die Tiere oder Nahrung für die Menschen zu verwenden; sogar Brot konn-

Der Bau eines Herrenhauses, dargestellt in einer Abhandlung über die Landwirtschaft. Die Werkzeuge und die Technik, der sich die Bauleute bedienten, sind deutlich zu erkennen. Im Hintergrund hat man einen Garten angelegt.

te man notfalls aus Bohnen herstellen. Zwiebeln wurden von einem anderen Autor des frühen 16. Jahrhunderts empfohlen: „Sie regen den Appetit auf Fleisch an, vertreiben den Ekel und machen den Bauch locker, sie verbessern das Sehvermögen, und ißt man sie in großen Mengen mit Fleisch, sorgen sie für wohltuenden Schlaf." Zwar dürften nur wenige Bauern in der Lage gewesen sein, Zwiebeln in großen Mengen mit Fleisch zu ver-

Eine Schafherde wird aus ihrem Winterquartier auf die Weide getrieben, vorbei an einer Kuh, die gerade gemolken wird. Im Hintergrund stampft eine Frau in einem Faß Butter.

zehren, doch die Pflanze wurde in den Dörfern häufig angebaut. Dies galt auch für Kräuter, wie zum Beispiel Petersilie, Knoblauch und Senf. Die meisten Bauern besaßen außerdem ein Schwein, das sie mit Küchenabfällen fütterten, im Herbst auch mit Eicheln und Nüssen. Die meisten Menschen des Mittelalters nahmen Fleisch in Form von Schweinefleisch oder Schinken zu sich. Auskunft über die Ernährung der Menschen im Mittelalter gibt eine Figur aus William Langlands Dichtung *Piers Plowman* (Peter der Pflüger) aus dem 14. Jahrhundert:

> Ich habe keinen Penny, um Küken, Gänse oder Schweine zu kaufen, sondern nur zwei frische Käse, ein wenig Quark und Sahne, einen Haferkuchen und zwei Laib Brot aus Bohnen und Kleie, die ich für meine Kinder gebacken habe. Und überdies schwöre ich bei meiner Seele, daß ich weder gepökelten Schinken noch, bei Gott, Eier besitze, um daraus Eier mit Speck zu machen! Doch ich besitze ein wenig Petersilie, etwas Lauch und viel Grünzeug, eine Kuh und ein Kalb und eine Stute, die meinen Dungkarren hinaus auf die Felder zieht (...)

Auch die wohlhabenderen Schichten der Gesellschaft freuten sich über den Frühling, denn das Reisen wurde dadurch wesentlich erleichtert. Viele Gutsbesitzer nutzten diese Gelegenheit, um ihre im Land verstreuten Herrensitze aufzusuchen. Es war für einen Grundherrn und seine Familie häufig einfacher, seine Ländereien zu bereisen, statt sich die Erzeugnisse zu seinem Hauptsitz liefern zu lassen. Viele Straßen – die nach heutigem Verständnis kaum mehr als einfache Wege waren –, wurden im Winter unpassierbar, doch im Frühling wuchs die Zahl der Reisenden. Grundbesitzer reisten zu Pferd; ihr Reisegepäck war auf Karren verstaut, die man in der Regel der Reisegesellschaft vorausschickte, da sie nur sehr langsam vorankamen. Adlige Damen, ältere Leute und Kranke wurden häufig in Pferdesänften befördert. Viele Reisende gingen zu Fuß, manchmal mit einem schwer beladenen Esel an ihrer Seite. Doch das Reisen war zu jeder Zeit eine schwierige und unsichere Angelegenheit: So hing zum Beispiel die Instandhaltung der Straßen oft vom Gutdünken der Grundbesitzer ab. Im 15. Jahrhundert beschrieb der französische König Karl VI. die Straßen außerhalb von Paris als „stark beschädigt, verfallen oder anderweitig beeinträchtigt, von Wasserrinnen durchzogen, mit großen Steinen übersät

Eine Dame in einem teilweise geschlossenen Wagen reist auf einer steinigen Straße. Sie verkörpert in dieser flämischen Illustration zu einer allegorischen Dichtung aus Frankreich die Seele auf ihrer beschwerlichen Reise durch das Leben.

oder von Hecken, Büschen und Bäumen überwuchert". Da jedoch gerade die reichen Grundbesitzer (und die Geistlichen) sehr viel reisten, lag es in ihrem eigenen Interesse, zumindest die wichtigsten Straßen passierbar zu halten. Die Parlamente erhielten häufig Eingaben, in denen um die Ausbesserung von Straßen nachgesucht wurde, wenngleich nur selten mit Erfolg; 1339 wurde sogar eine Sitzung des englischen Parlaments verschoben, weil die Adeligen und die hohen Geistlichen fürchteten, aufgrund des schlechten Wetters nicht rechtzeitig eintreffen zu können.

Eine Reisegruppe von Geistlichen und Laien,
vermutlich auf Pilgerfahrt.

Auch der Prolog zu Chaucers *Canterbury Tales* erinnert daran, daß die Menschen des Mittelalters im Frühling wieder an das Reisen zu denken begannen: „Wenn der April mit seinem milden Regen die Dürre des März bis zur Wurzel getränkt hat (...), dann sehnen sich die Leute danach, auf Wallfahrt zu gehen und als Pilger fremde Strände und ferne Heiligtümer aufzusuchen, die berühmt sind in aller Welt.“ Die bedeutendsten Pilgerstätten des Mittelalters waren Rom und das Grab des heiligen Jakob in Santiago de Compostela. Pilgerfahrten konnten durchaus gefährlich sein:

Zuschauer am Flußufer verfolgen ein
Turnier auf dem Wasser.

Aschermittwoch, Beginn der Fastenzeit:
Ein Priester zeichnet mit Asche ein Kreuz
auf den Kopf eines Gläubigen.

Bauersleute mit frischen Zweigen an den Hüten tanzen beim Maifest zur Musik eines Dudelsacks.

Eine gewisse Agnes Paston aus East Anglia berichtet Mitte des 15. Jahrhunderts in einem Brief, wie zwei Wallfahrer an der Küste von Räubern überfallen wurden. Doch glücklicherweise waren diese Räuber sehr gottesfürchtig und wußten, welche Strafen jenen blühten, die sich an Wallfahrern vergriffen. Denn nachdem sie festgestellt hatten, daß sich die Reisenden auf einer Pilgerfahrt befanden, ließen sie sie wieder frei, ohne ihnen ein Haar gekrümmt zu haben.

Auch für jene, die nicht auf Pilgerfahrt gehen konnten, bestand der Frühling nicht ausschließlich aus Arbeit; es wurden zahlreiche Feste und Feiern abgehalten, sowohl kirchliche als auch weltliche. In vielen französischen Dörfern fand am ersten Sonntag der Fastenzeit der Brandon-Tanz statt: Männer und Frauen zogen mit brennenden Kerzen hinaus auf die Felder, sangen Kirchenlieder, tanzten und beteten darum, daß die junge Saat von Schädlingen verschont bleiben möge. Die Fastenperiode begann, wenn die Vorräte aus der Ernte des vergangenen Jahres allmählich zur Neige gingen. Bevor die Zeit der Enthaltsamkeit anbrach, veranstaltete man am Fastnachtsdienstag noch zahlreiche Kinderspiele, die nach heutigem Verständnis teilweise grausam anmuten. So berichtet der englische Chronist John Stow, daß „die Schuljungen in London ihren Lehrern Hähne mitbrachten und sich den ganzen Vormittag am Hahnenkampf ergötzten. Nach dem Mittagessen gehen die Jungen auf die Felder, um Ball zu spielen.“ Weiter berichtet Stow, daß die Jungen an Ostern Wettkämpfe auf dem Wasser austrugen. Ein Schild, der in der Mitte des Flus-

ses an einen Pfahl gebunden war, sollte von den Jungen getroffen werden, die auf Booten flußabwärts fuhren. Sie mußten versuchen, ihre Lanzen an dem Schild zu zerbrechen, ohne aus dem Boot zu fallen. Wenn doch einer ins Wasser fiel, kamen ihm die beiden Begleitboote zu Hilfe.

Ostern war das erste große kirchliche Fest des Jahres, ein bewegliches Fest, das in die Zeit zwischen dem Ende des Winters und dem Beginn des Frühlings fiel. Diesem feierlichen, wenngleich freudigen Anlaß folgten ausgelassene Lustbarkeiten; am Montag und Dienstag nach Ostern, den sogenannten „Hockdays", konnten sich junge Leute in England austoben. Am „Hock Monday" durften die Frauen Männer entführen, um sie gegen Lösegeld wieder freizulassen; am folgenden Tag durften die Männer dasselbe mit den Frauen tun. Da diese Feste häufig ausarteten und zu Tumulten führten, versuchte die Obrigkeit, sie stärker unter ihre Kontrolle zu bringen. Auch die Kirche versuchte, dieses in ihren Augen heidnische Treiben einzudämmen. Doch gerade aus den kirchlichen Verboten gewinnen wir Aufschluß über diese verpönten Feste, zum Beispiel über die Maifeier, ein Fest, mit dem man den Einzug des Frühlings feierte. Dabei zogen Männer und Frauen auf die Felder und in die Wälder, besangen die Schönheit der Blumen und der neuergrünten Natur und feierten anschließend im Dorf oder in der Stadt weiter.

Nicht nur die Vermutung unchristlicher Elemente in diesen Festen schürte die Ablehnung der Kirche, sondern auch die Gefahr, daß sie zu Tumulten und zu Verletzungen der Teilnehmer führen konnten. Nicht selten endeten Fußballspiele (damals noch ein ziemlich brutaler Sport), die an Feiertagen auf Friedhöfen ausgetragen wurden, mit Blutvergießen. Bei den Verhandlungen über die Beendigung des Hundertjährigen Krieges, die Engländer und Franzosen 1439 in Calais führten, mußten mehrere Mitglieder der beiden Delegationen einigen der Treffen fernbleiben, weil sie bei Fußballspielen Verletzungen davongetragen hatten.

März, April und Mai waren für die Menschen des Mittelalters arbeitsreiche, aber angenehme Monate. Wenn das Wetter nicht allzu unfreundlich war, durfte man darauf hoffen, daß die mühsame Arbeit im Frühjahr durch eine gute Ernte im Herbst belohnt werden würde. Es gab vieles, auf das man sich freuen konnte, aber auch vieles, mit dem man sich beschäftigen mußte, wollte man sicherstellen, daß sich die Arbeit des Jahres schließlich auszahlte.

SOMMER

Links: Die Apfelernte erforderte Teamarbeit. Vor dem roten Haus hat ein Schwein, das nach Futter sucht, einen mit Äpfeln gefüllten Korb umgestoßen. Im Dorf frei umherlaufende Schweine boten häufig Anlaß zur Klage.

Dem *Secretum Secretorum* zufolge begann der Sommer, wenn die Sonne Mitte Juni in das Tierkreiszeichen des Krebses eintrat, und dauerte bis Mitte September, wenn sie das Zeichen der Waage erreichte. Daß es nun länger hell war und wärmer wurde, zog viele willkommene Veränderungen nach sich: „Das Meer ist ruhig, die Luft ist klar, das Korn trocknet und reift, Gifte verteilen sich, und der Körper wird gekräftigt." Der Sommer wird mit einer verheirateten Frau verglichen, die höchste körperliche Vollkommenheit besitzt. Doch die mittelalterliche Medizin sah dennoch Gefahren. Die aufwühlende Körperflüssigkeit Galle, der Hitze und Trockenheit entsprachen, beeinflußte den Körper im Sommer am stärksten, daher sollte man ein Übermaß an heißen Speisen und Getränken meiden. Empfohlen wurden statt dessen kühle, saftige Speisen wie Kalbfleisch mit Essig, Gurken, Huhn, Graupensuppe und säuerliches Obst wie Äpfel und Granatäpfel. Von allem, was den Körper – wie Geschlechtsverkehr oder heiße Bäder – in Wallung brachte, sollte man Abstand nehmen. Ein Großteil dieser Ratschläge orientierte sich jedoch schlicht und einfach daran, welche Nahrungsmittel im Sommer zur Verfügung standen.

Der Sommer war vor allem die Jahreszeit, in der Getreide und Obst reiften. Die Angst vor einem dürren Sommer beschäftigte die Menschen daher ständig, denn ein dürrer Sommer hatte einen kargen Winter zur Folge. Der englische Dichter Thomas Hoccleve verfaßte Anfang des 15. Jahrhunderts eine Sir Henry Somer (= „Sommer") gewidmete *Ballade*, in der er diesen bat, seine Diener (Hoccleve und seine Zeitgenossen) großzügig mit Weihnachtsgeschenken zu bedenken; Somer repräsentiert die Sommersonne, die angefleht wird, freundlich auf die Erde zu scheinen und „alles Obst gedeihen und wachsen" zu lassen. Wie die besorgten Bauern fürchtete sich auch Hoccleve vor schlechtem Wetter: „Wir sind schier von Sinnen durch die Angst vor Stürmen." Doch in der Anrufung von Sir Henry Somer/Sommer äußert sich auch eine allgemeine Freude über die warme Jahreszeit: „Sommer, der du die Nahrung des Menschen durch die wohltuende Wärme der Sonne reifen läßt, du sollst vielfach gepriesen sein. Auf ewig sei dir Dank für dein freundliches Wesen und dein gütiges Wirken!" Die Fülle und der Reichtum des Spätsommers bot einen Anlaß zur Freude, unabhängig davon, welche Entbehrungen man zuvor vielleicht durchstehen mußte. Hierfür liefert die mittelenglische Romanze *King Alexander* (König Alexander) ein Beispiel: „Die Erntezeit ist höchst angenehm; Birnen und Äpfel hängen an den Zweigen. Der Heckenwart stößt freudig in sein Horn, das Korn reift auf den Feldern, und die Trauben hängen an den Reben."

Die bildhafte Sprache der Bibel förderte auch die allegorische oder symbolische Deutung des Sommers als einer Zeit der geistigen Ernte. In der englischen Traumdichtung *Pearl* (Perle) aus dem 14. Jahrhundert trauert der Erzähler um den Verlust seiner „Perle", seiner verstorbenen Tochter; er liegt „im August, an einem hohen Festtag, wenn das Korn mit scharfen Sensen geschnitten wird", träumend in einem grünen Garten. Der gramgebeugte Vater muß auf schmerzvolle Weise lernen, sich über die Erlösung seiner Tochter zu freuen, denn was verdorben gesät worden ist, wird unverdorben wieder erstehen – eine geistige Ernte, der gegenüber die irdische Ernte nur als schwacher Abglanz erscheint. Doch auf der menschlichen Ebene bleibt ein schmerzlicher Gegensatz bestehen zwischen dem Verlust, den der Mann erlitten hat, und der Fülle der erntereifen Felder und Gärten.

Die Ernte war das wichtigste Ereignis des Sommers. Als ihr „offizieller" Beginn galt in England Lammas, der 1. August, doch dieses Datum besaß eher symbolische als praktische Bedeutung. An „Lammas", der „Laibmesse", wurde das erste Brot aus der neuen Ernte in der Kirche gesegnet; vor allem die armen Bauern sehnten dieses Fest herbei. In der englischen Dichtung *Piers Plowman* (Peter der Pflüger) aus dem 14. Jahrhundert läßt uns der Pflüger wissen, daß er seinen Hunger in der Zeit vor Lammas mit Petersilie, Lauch, grünem Gemüse und den Erzeugnissen seiner Kuh und seines Kalbes stillt: „Damit können wir bis Lammas leben, und bis dahin wird meine Ernte reifen."

Die langen Sommertage waren für die Bauern des Mittelalters die arbeitsreichste Zeit des Jahres. In den Darstellungen der Monatsarbeiten wird der Sommer mit Bildern des Heuens, des Unkrautjätens und der

Diese italienischen Obstpflücker aus dem 15. Jahrhundert sehen aus wie Spitzbuben, doch der Trog läßt vermuten, daß ihr Tun rechtmäßig ist.

Obsternte illustriert; auf dem Kontinent, wo die Erntezeit früher einsetzte, beschäftigte man sich im Juli und August mit dem Einbringen und Dreschen des Getreides. Es wurden zwar unterschiedliche Produkte angepflanzt, doch die Arbeit war in allen Teilen Europas dieselbe, denn unabhängig davon, ob man Getreide, Weintrauben oder Oliven anbaute, überall mußte die Ernte von den kleinen Parzellen der Bauern, dem Gemeindeacker und den Feldern des Gutsherrn eingebracht werden. Das Land des Gutsbesitzers genoß Vorrang: In den Sommermonaten mußten die Bauern nicht nur ihre üblichen Frondienste erbringen, man erwartete von ihnen auch, daß sie „Bitt-Fronen" leisteten, das heißt, daß sie an zusätzlichen Tagen mit ihrer ganzen Familie (mit Ausnahme der Hausfrau) auf dem Gut erschienen und bei der Ernte halfen. Dafür wurden sie vom Grundherrn mit Speis und Trank verköstigt. Diese Arbeitseinsätze konnten nicht lange im voraus geplant werden: Der Verwalter des Gutshofs legte sie je nach Wetter fest und zitierte die Bauern herbei.

Als erstes wurde im Sommer das Heu geerntet. Es war jedoch größtenteils von schlechter Qualität; das beste Heu gewann man auf Wiesen, die

Ein Bauernpaar beim Einbringen der Ernte, vermutlich von ihrem Teil des großen Gemeindeackers. Im Hintergrund sieht man die Dorfkirche.

an Flüssen lagen und im Winter vom Wasser überflutet wurden, das fruchtbaren Schlamm zurückließ. Pro Person und pro Tag wurde in England ungefähr ein Acre Heu gemäht, und zwar mit langen Sensen, deren Klinge fast im rechten Winkel zum Griff stand. Männer und Frauen arbeiteten in Gruppen, die sich über die großen Felder verteilten, und wurden vom Dorfvogt beaufsichtigt. Die Männer schnitten das Gras, die Mädchen und Frauen wendeten es und rechten das Heu zusammen. Wenn die Klingen stumpf wurden oder abbrachen, mußten sie rasch ausgebessert werden. Am beliebtesten waren die „feuchten Bitt-Fronen", an denen die Bediensteten des Herrenhauses den Bauern Bier auf die Felder brachten, so daß sie sich während der Arbeit erfrischen konnten, sooft sie wollten. Der Gutsherr sorgte auch für ein Mittagsmahl: Dabei gab es Brot – meist ein besseres, als die Bauern sonst aßen – und Käse.

Der lange Arbeitstag endete am Abend, wenn der Heckenwart in sein Horn stieß. Dann begaben sich die Bauern zum Herrenhaus oder zu einem der Nebengebäude, wo ihnen zur Belohnung ein Mahl aufgetischt wurde. Für die ärmeren Dorfbewohner stellte dieses Essen ein seltenes Vergnügen dar, denn es gab gebratenes Fleisch neben Erbsensuppe, Käse und Bier. Auf einigen Gütern durften die Dorfbewohner auch soviel Heu mitnehmen, wie sie mit ihrer Sichel transportieren konnten. Manche Männer überluden ihre Arbeitsgeräte und verloren dann ihre gesamte Ladung, wenn sie sie vom Feld tragen wollten.

Die Arbeit nahm kein Ende in dieser Jahreszeit: Sobald das Heu eingebracht war, mußte der Weizen gejätet und das Brachland zum zweiten Mal

Eine willkommene Unterbrechung der harten Feldarbeit bot eine kleine Stärkung zwischendurch. Am anderen Bachufer werden Garben auf einem Karren zur Scheune gebracht.

Zum Binden der einzelnen Garben, nicht nur der Schmuckgarbe für den letzten Erntewagen, benötigte man Geschick und Sorgfalt. Dieser französische Bauer konzentriert sich ganz auf diese Aufgabe. Rechts: Erntearbeit.

umgepflügt und von Disteln befreit werden. In England hielt man es für falsch, Disteln vor dem 24. Juni, dem Namenstag des heiligen Johannes, auszureißen; diese Disteln, so besagte eine Legende, würden dreimal so stark wieder nachwachsen. Die Äcker mußten auch noch von anderem Unkraut befreit werden, insbesondere von Ampfer, Ringelblumen, Chicorée und Fenchel.

Wenn die Heuernte eingebracht war, begann man, Getreide und Futterpflanzen zu ernten. Erbsen, Bohnen, Gerste und Hafer wurden mit der Sense geschnitten, häufig von Arbeitsgruppen aus Männern und Frauen: Vier Personen schnitten die Pflanzen, eine bündelte sie. Auch bei der Getreideernte arbeiteten die Schnitter in Gruppen; einige mähten das Getreide, die anderen folgten ihnen und bündelten die Halme zu Garben, wobei sie sich von Zeit zu Zeit abwechselten, um ihre Muskulatur zu schonen. Die runden oder länglichen Garben wurden relativ klein gehalten, um sie ohne große Mühe befördern zu können. Weizen wurde mit der Sichel knapp unterhalb der Ähre abgeschnitten; das Stroh ließ man stehen, um es entweder später zu mähen und an die Tiere zu verfüttern oder, falls genügend Futter vorhanden war, einzupflügen und als Dünger zu verwenden. Nachdem die Felder abgeerntet waren, durften die Armen darauf die letzten Ähren aufsammeln, danach überließ man sie den Tieren.

Für die Bauern bot das Ende der Ernte einen Anlaß zum Feiern. In diesem Zusammenhang entstanden verschiedene Spiele und Zeremonien. So veranstaltete man Wettkämpfe um die Ernte der letzten Ährenreihe, ließ ein bestimmtes Fleckchen Getreide stehen, um es am Schluß feierlich abzumähen, oder schmückte die letzte Garbe und setzte sie hoch oben auf den letzten Erntewagen, der zur Scheune fuhr. Der Gutsherr veranstaltete in der Regel ein besonders Mahl, um das Ende der Ernte zu feiern.

Es war ziemlich teuer, solche Mahlzeiten für die Erntehelfer auszurichten. Diese Überlegung sowie die Tatsache, daß viele, die derartige Arbeitsleistungen erbringen mußten, sich allmählich dagegen zu sträuben begannen, führte im Laufe des Mittelalters zur Umwandlung der Frondienste in Geldzahlungen und zum vermehrten Einsatz von Tagelöhnern. Ein Hauptproblem bildete die geringe Motivation der Bauern, die zu diesen Arbeiten verpflichtet waren; man verdächtigte sie auch häufig, Getreide zu stehlen. Von der wachsenden Abneigung gegen das System der Fronarbeit zeugt vermutlich auch die Popularität der Geschichte der

Vorne recht ein Mann das gemähte Getreide zusammen. Im Hintergrund hieven Dorfbewohner die Garben in die Scheune.

hl. Zita, einer Dienstmagd, die ihrer Herrschaft Getreide stahl, um damit die Armen zu speisen. Doch als der Gutsverwalter das Verschwinden des Korns untersuchen wollte, hatten sich die Getreidefässer auf wundersame Weise wieder gefüllt!

Aus den Geschäftsbüchern der Güter geht hervor, wie hart die Bauern arbeiten mußten und wie vielfältig die Arbeit im Sommer war. Im 14. Jahrhundert hatten zum Beispiel 39 Bauern auf einem Gut in Südengland in der Zeit zwischen Mariä Verkündigung und Lammas 2847 unterschiedliche Arbeiten zu verrichten. Zu den wichtigsten Aufgaben zählten das Unkrautjäten auf den Getreidefeldern, das Pflügen und Eggen der Äcker, auf denen im Herbst Gerste angebaut wurde, das Waschen und Scheren der Schafe, das Heuen und das Sammeln von Zweigen. Außerdem mußten sie Reisig für die Umzäunung des Landes herbeischaffen, Brennholz sammeln, Fuhrdienste übernehmen und Schafe hüten. Thomas Tusser schlägt in seinem Traktat über die Landwirtschaft verschiedene Instandsetzungs- und Vorbereitungsarbeiten für die Sommermonate vor. Im Juni sollte man zum ersten Mal pflügen, Nebengebäude und Scheunen sollten ausgebessert und wasserdicht gemacht, Karren repariert, hinderliche Büsche ausgerissen und neue Hopfenfelder angelegt werden.

In vielen Teilen Europas wurden im Juni die Schafe geschert. Die Hauptselektion der Herden fand bereits im Mai statt, nachdem die Lämmer entwöhnt worden waren. Von dieser Zeit bis etwa Anfang September lieferten die Mutterschafe wertvolle Milch, die begehrter war als Kuhmilch und vor allem zur Herstellung von Käse verwendet wurde. Die Schafe, die man abgeben wollte, wurden frühzeitig geschert, dann auf der Weide gemästet und etwa zur Sommersonnenwende verkauft. Reichere Bauern besaßen eine kleine Schafherde, die ärmeren mußten sich oft mit einem einzigen Tier begnügen.

Im Juni, vor dem Johannisfest, wurden die Schafe in einem Teich oder Fluß gewaschen, wegen der starken Verschmutzung ihres Fells aber vorzugsweise in fließendem Wasser. Dann wurden sie geschoren. In den bedeutenden Schafzuchtgebieten gehörte das Scheren der Schafe des Gutsherrn zu den wichtigsten Frondiensten im Sommer und wurde von Männern und Frauen gemeinsam verrichtet. Ein kleines Scherwerkzeug gehörte zur Grundausstattung der meisten Bauern. Die Wolle wurde entweder verkauft oder gesponnen, um daraus Kleidungsstücke für die Fami-

Die Technik des Schafscherens blieb jahrhundertelang unverändert. Hier werden zwei sich sträubende Schafe geschoren; links wird schon das nächste Schaf bereitgehalten, rechts steht ein frisch geschorenes Tier.

lie herzustellen. Sie bildete eine wichtige Einkommensquelle, denn auch die fleißigste Bauernfamilie konnte ihren gesamten Nahrungsmittelbedarf nicht aus eigener Kraft decken. Für die Schafscherer stellte die Schermahlzeit ein genauso bedeutendes Ereignis dar wie das Erntemahl für die Erntehelfer später im Jahr.

Auch Honig wurde im Sommer geerntet. Bienenstöcke bildeten einen vertrauten Anblick in den Landschaften des mittelalterlichen Europa; Honig war der wichtigste Süßstoff für Arme wie für Reiche und wurde sowohl zum Kochen als auch zum Süßen von Wein und zur Herstellung von Met verwendet. Bienenwachs nutzte man zur Herstellung von Kerzen und von Salben, die manchmal mit duftenden Blumenextrakten vermischt wurden. Das Halten von Bienenstöcken war kein Privileg der großen Gutsherren, auch einige Bauern besaßen Bienenstöcke und entrichteten einen Teil ihrer Abgaben in Honig oder Wachs. Sorgfältige Imker konnten pro Stock mit ungefähr neun Litern Honig im Jahr rechnen.

Die Bienen schwärmten normalerweise im Juni oder Juli aus. Ein Bienenstock brachte im Jahr zwei Schwärme hervor, wobei vor allem der erste Schwarm besonders geschätzt wurde. Thomas Tusser empfahl, in der Zeit zwischen zehn und drei Uhr, in der sich die Schwärme meist bildeten, die Bienenstöcke genau zu beobachten. Diese Aufgabe erteilte man häufig kleinen Kindern, die sich nebenbei mit Spinnen, Stricken oder Säen beschäftigen konnten. Bienenschwärme waren stets mit viel Lärm verbunden, nicht nur wegen des lauten Summens der Bienen, sondern auch weil es vielerorts Brauch war, einen Schwarm zu verfolgen und

Zur Salzherstellung benötigte man viel Hitze. Hier schüren zwei Männer den Ofen des Siedehauses, während ihre Kollegen die heiße Solelösung umrühren.

Ein Mann mit Kopfschutz schlägt auf eine Pfanne, während ein Bienenschwarm sich niederläßt. Bienen wurden von vielen Naturforschern des Mittelalters nicht als Insekten, sondern als Vögel eingestuft.

dabei auf Wasserkessel oder Pfannen zu schlagen, zu klatschen und zu pfeifen. Dieser Lärm sollte die Nachbarn davor warnen, daß ein Schwarm unterwegs war, und diente zugleich dazu, einen Besitzanspruch auf den Schwarm anzumelden; außerdem glaubte man, der Krach werde den Bienenschwarm veranlassen, sich schneller niederzulassen. Wenn die Bienen sich setzten, konnte man sie in einem Korb oder einem hölzernen Bienenkasten, der mit Honig eingerieben war, einfangen. Am Abend versperrte man den Eingang des Kastens und ließ nur noch einige kleine Fluglöcher frei.

Auch die Leute, die mit der Salzherstellung befaßt waren, hatten im Sommer viel zu tun. An der französischen Atlantikküste sowie im Norden Spaniens und Portugals gewann man Salz aus Meerwasser. Man füllte riesige Schüsseln mit Meerwasser, das danach in der heißen Sonne verdunstete. Obwohl das so erzeugte Salz stark verunreinigt war, stellte es ein beliebtes Konservierungsmittel dar, denn es durchdrang Fleisch vollständig und besaß einen markanten süßsauren Geschmack. In England weist die Endung „wich“ in Städtenamen häufig darauf hin, daß an diesen Orten Salz erzeugt wurde. In der Gegend von Droitwich zum Beispiel hob man tiefe Gruben aus, die bis zu einer Erdschicht hinabreichten, die von der aus unterirdischen Quellen stammenden Sole durchtränkt war. Zwischen Juni und Dezember, wenn die Sole am dicksten war und nur geringe Gefahr bestand, daß die Gruben überflutet wurden, holte man die salzhaltige Lösung eimerweise herauf. In der Nähe dieser Gruben und an der Küste erzeugte man in Siedehäusern Salz durch das Eindampfen der Sole. Diese Holzhütten beherbergten riesige Bleipfannen, die auf Ziegeln über Feuerstellen standen. Die Salzfeuer verbrauchten große Mengen an Energie, denn sie mußten eine starke Hitze entwickeln. Durch ein kurzes Vorsieden wurden die gröbsten Verunreinigungen entfernt; in einem zweiten, langsameren Siedevorgang verdunstete das Wasser. Die Rückstände holte man mit langen hölzernen Rechen heraus und ließ sie in Körben trocknen. Man konnte zweierlei Arten von Salz erzeugen: Das grobkörnige Salz, das sich vor allem zum Konservieren von Fleisch eignete, gewann man durch langes Sieden, das feinere Tafelsalz dagegen durch kurzes Aufkochen.

Trotz der harten Erntearbeit bot der Sommer jedoch auch vielfältige Gelegenheiten, sich bei Spielen unter freiem Himmel zu vergnügen. Der ungarische Historiker Walter Endrei, der die heutige Einstellung zum Spiel mit jener des Mittelalters verglich, stellte bedauernd fest, „daß die Erwachsenen heute kaum noch unter freiem Himmel spielen. Die meisten dieser Spiele sind zu einem Vorrecht der Kinder geworden, einige haben schlicht den Charakter von Leibesübungen angenommen, andere haben sich zu sportlichen Wettkämpfen entwickelt". Er weist ferner auf die soziale Funktion dieser Spiele hin, die Menschen unterschiedlichen sozialen Ranges zusammenführten. Zur Erläuterung zitiert er aus einer Züricher Chronik aus dem 15. Jahrhundert: „Tische sind zwischen den Linden aufgestellt, darauf befinden sich Schach- und Damebretter. Adelige und Bürgerliche steigen auf die Berge, wandeln unter den Lindenbäumen und schießen mit Armbrüsten auf Zielscheiben." Der englische Chronist John Stow beobachtet bei den Sommerspielen der Londoner Jugend im 16. Jahrhundert einen ähnlichen sozialen „Nivellierungseffekt". Dieser äußert sich allerdings eher im Publikum als bei den Wettkämpfern, wenn sich Ratsherren, Mönche und Stadtadelige auf die Felder hinausbegeben, um den Jungen beim Ballspiel zuzusehen. Daneben gibt es noch andere Vergnügungen: „An den Feiertagen im Sommer beschäftigen sich die Jungen mit Bogenschießen, Laufen, Springen und Ringen, schleudern Geschosse ."

Gartenspiele wie etwa Bowling boten jungen Adeligen Gelegenheit, die Zeit miteinander zu verbringen.

Kinder bringen sich gegenseitig das Schwimmen bei. Eines macht gute Fortschritte, doch ein kleineres Kind fröstelt, während es unsicher im flachen Wasser steht.

Die Sommerspiele der Kinder konnten einzeln oder in Gruppen gespielt werden und konnten manchmal recht grausam sein. Der französische Dichter und Chronist Froissart fand als Kind großes Vergnügen daran, Schmetterlinge zu fangen und an Fäden zu binden, so daß sie in die Richtung fliegen mußten, die er ihnen vorgab. Darüber hinaus liebte er es, Gegenstände den Dorfbach hinuntertreiben zu lassen, Seifenblasen zu produzieren und mit anderen Kindern eine Vielzahl von Spielen mit eigenartigen Namen zu spielen. Auch zu allerlei Streichen bot der Sommer Anlaß, wie zum Beispiel zu kleinen Erntediebstählen. John Lydgate, ein Mönch aus dem englischen Kloster Bury St. Edmunds, der sich im 15. Jahrhundert als moralisierender Dichter einen Namen machte, gibt uns einen Einblick in seine wenig sittsame Kindheit, wenn er von einem Obstdiebstahl berichtet: „Ich schlich mich in Gärten und stahl Äpfel; keine Hecke und keine Mauer konnten mich abhalten. Ich war viel begieriger darauf, aus anderer Leute Gärten Obst zu entwenden, als zu beten. (...) Ich hatte nur Unsinn im Kopf und zählte lieber Kirschkerne, als in die Kirche zu gehen oder dem Läuten der heiligen Glocken zu folgen.“ (Dabei bezieht er sich vermutlich auf ein Spiel, in dem Kirschkerne als Spielmarken oder Zielkugeln verwendet wurden.)

Flämische Zunftmitglieder in typischer Kleidung messen sich im Armbrustschießen. In der Mitte spannt ein Gehilfe eine Armbrust.

Auch Erwachsene fanden im Sommer in den Gärten und Obstanlagen reichlich Zerstreuung. Es gab unterschiedliche Arten von Gärten: Küchengärten, Kräutergärten und Lustgärten bei den Herrenhäusern. Im Sommer promenierten Edelfrauen in ihren kunstvoll angelegten Erholungsgärten. Der deutsche Dominikanermönch Albertus Magnus berichtete um 1250 von Lustgärten, die nicht der Erzeugung von Obst dienten,

sondern in erster Linie die Sinne erfreuen sollten. Albertus war ein weitgereister Mann adeliger Abstammung und wohlvertraut mit den Gärten, die er beschrieb. Er betont die wohltuende Wirkung frischer Luft und einer angenehmen Umgebung und formuliert Richtlinien für die Anlage eines guten Rasens, der von lieblich duftenden Kräutern wie Weinraute, Salbei und Basilikum sowie von Blumen wie Veilchen, Akelei, Lilien und Rosen umrahmt sein sollte. Ein vollkommener Lustgarten benötige ferner, so schrieb Albertus Magnus, Bäume oder Weinreben, die man so pflanzen müsse, daß sie Schatten spenden, aber auch genügend Sonne durchlassen: „(...) es sollten angenehme Bäume sein mit duftenden Blüten, wie zum Beispiel Birnbäume und Apfelbäume oder Zypressen." Falls möglich sollte man auch einen Brunnen anlegen. Derartige Lustgärten werden häufig in den Illustrationen mittelalterlicher Manuskripte abgebildet, sowohl in weltlichem Zusammenhang – zum Beispiel im Motiv der Liebenden in einem Garten –, als auch in der religiösen Kunst: Die Jungfrau Maria und das Jesuskind werden sowohl im Freien als auch im Innenraum dargestellt. In niederländischen Gemälden aus dem 15. Jahrhundert, in denen das Innere von Häusern dargestellt wird, kann man durch ein Fenster häufig in einen Garten hinausblicken.

Die Gärten bildeten im Mittelalter den Schauplatz für allerlei neckische Spiele und Liebesgetändel, wenngleich nur ein Bruchteil der literarischen Darstellungen des Liebeswerbens einen Bezug zur Wirklichkeit besaß. Liebende werden häufig in grünen, blumenübersäten Gärten gezeigt; obwohl die berühmtesten literarischen Beispiele (wie der französische *Rosenroman*) im Frühling und nicht im Sommer angesiedelt sind, lassen sich die beiden Jahreszeiten in den Illustrationen oft nur schwer voneinander unterscheiden – ein Problem, das noch dadurch verschärft wurde, daß die Künstler eine gewisse Gleichgültigkeit gegenüber der Blütezeit der Pflanzen an den Tag legten, die jedoch eigenartigerweise mit einer detailgetreuen Darstellung einzelner Blumen einherging.

Gemeinschaftsspiele wie zum Beispiel das beliebte „Blindekuh"-Spiel boten ebenfalls Gelegenheit für Tändeleien unter freiem Himmel. Der Reigen *(Carole)*, der im *Rosenroman* geschildert wird, konnte in einem Garten getanzt werden. Da ein gemäßigtes Tempo angeschlagen wurde und die Tänzer immer wieder stehenblieben und sich an den Händen faßten, bevor sie sich erneut im Kreis drehten, ergaben sich zahlreiche Mög-

Einer der berühmtesten mittelalterlichen Lustgärten wird im *Rosenroman* beschrieben, einer französischen Dichtung aus dem 13. Jahrhundert. Die Handschriften des *Rosenromans* waren häufig reich illustriert.

Junge Adelige spielen in einem Garten „Blindekuh“.

lichkeiten für eine Liebelei. Auch Picknicks boten dazu viele Gelegenheiten. Philippe de Vitry zeichnet in einem Gedicht aus dem 13. Jahrhundert das idealisierte Bild eines Sommerpicknicks für zwei:

> Unter den Blättern, auf dem weichen Moos neben einem plätschernden Bächlein mit einer klaren Quelle, nicht weit entfernt, entdeckte ich eine kleine Bauernhütte. Gontier und Dame Helen speisten dort; sie aßen frischen Käse, Milch und Butter, Käsekuchen, Molke, Äpfel, Nüsse, Pflaumen und Birnen; sie hatten Knoblauch und Zwiebeln und zerstoßene Schalotten auf knusprigem Schwarzbrot mit grobem Salz, um sie durstig zu machen. Sie tranken aus dem Krug, und die Vögel sangen, um die Herzen der beiden Liebenden zu erfreuen, die sodann zärtliche Küsse (...) austauschten.

Die Bärenjagd war besonders gefährlich. Hier hat ein Bär, der in die Enge getrieben wurde, mindestens zwei Hunde getötet. Er hat den Speer des Jägers gepackt und versucht, ihn abzubrechen.

Die Jagd gehörte im Mittelalter zu den bevorzugten Vergnügungen der höheren Stände. Sie galt nicht nur als Sport, sondern auch als Mittel zur Vorbereitung auf die Kriegsführung. Sie ermöglichte den Männern, in Form zu bleiben und sich im Umgang mit Waffen zu üben. Zu einem adeligen Hof gehörte ein Rudel Jagdhunde ebenso wie gut ausgebildete Jäger. Gaston, der Graf von Foix, der das *Livre de Chasse* (Buch der Jagd), eines der beliebtesten Handbücher des ausgehenden Mittelalters verfaßte, hielt dem Chronisten Froissart zufolge 1600 Jagdhunde. Zur Jagd setzte man verschiedene Hunderassen ein. Man unterteilte sie in zwei Gruppen: die Spürhunde, die leise das Opfer aufspürten, und die schnellen Treibhunde, die es jagten und zur Strecke brachten.

Die großen literarischen Helden des späten Mittelalters besaßen profunde Kenntnisse in der Jagd, und auch in vielen Sagen spielte die Jagd eine wichtige Rolle. Handbücher über die Jagd erfreuten sich im 14. und 15. Jahrhundert überall in Europa großer Beliebtheit. In einem von ihnen, dem Traktat *Modus et Ratio* (Maß und Vernunft), werden die wichtigsten Vertreter des Jagdwilds beschrieben, die sich in zwei Gruppen gliedern: die fünf süßen oder rehbraunen Tiere, namentlich der Hirsch, sein weibliches Gegenstück die Hirschkuh, der Damhirsch, das Reh und der Hase sowie die fünf schwarzen Tiere, die man auch als saure oder stinkende

Ein Jäger hat das Wild entdeckt. Bei der Suche bediente man sich dazu häufig abgerichteter Spürhunde.

Tiere bezeichnete und zu denen der Keiler, das Wildschwein, der Wolf, der Fuchs und der Otter gehörten. Für jedes Wild gab es eine bestimmte Jagdzeit; im Winter zum Beispiel jagte man Wildschweine und Bären, in der Fastenzeit Hasen. Die wichtigste Jagd bildete jedoch die Hirschjagd, die im Sommer stattfand, wenn sich die Tiere in ihrer besten körperlichen Verfassung befanden.

Eine große Jagd wurde gewissenhaft organisiert und stellte ein wichtiges gesellschaftliches Ereignis dar. Sie vollzog sich in verschiedenen Etappen. Mit Hilfe der Spürhunde nahmen die Jäger zunächst die Fährte auf und trieben das Wild vor sich her. Um seinen Weg zu markieren ließen sie Zweige zurück. Unterdessen saß die Jagdgesellschaft auf einer angenehmen Lichtung bei einem Picknick. „Im Sommer, wenn die Natur jubiliert und alle Vögel singen (...) ist der Ort, an dem die Zusammenkunft stattfindet, ein liebliches, schönes und verschwiegenes Plätzchen (...)“, heißt es in *Modus et Ratio*. Dann berichteten die Jäger, was sie entdeckt hatten, und die Jagdgesellschaft brach mit einem Rudel von Hunden auf. An der Stelle, wo man den Hirsch zuletzt gesehen hatte, wurden die Hunde losgelassen, um das Tier zu verfolgen. Mit Hilfe verschiedener Signale aus dem gebogenen Jagdhorn informierte man sich gegenseitig über den Verlauf der Treibjagd, während mit bestimmten Rufen und Wor-

Die Jagdgesellschaft treibt Wild auf ein zuvor aufgespanntes Netz zu. Unten: Der Kadaver des erlegten Wilds wird auf einen Karren geladen, während die Hunde sich an ihrer Belohnung gütlich tun. Zwei Jäger lassen das feierliche Hornsignal ertönen.

ten die Hunde vorangetrieben wurden. Ein fliehender Hirsch konnte Haken schlagen, andere Tiere aufscheuchen oder versuchen, einen Wasserlauf zu erreichen, um den Schützen zu entkommen. Doch am Ende zwangen ihn die Schnelligkeit und die Ausdauer der Hunde, umzudrehen und sich zu verteidigen. Dies war ein gefährlicher Augenblick, denn das in die Enge getriebene Tier konnte auf die Hunde losgehen oder einen der berittenen Männer angreifen. Die Hunde umringten den Hirsch, bellten und warteten, bis die Jagdgesellschaft zu ihnen aufgeschlossen hatte. Mit dem Ruf „Halali!" trieb man die Hunde dann zum letzten Angriff. Die Jäger näherten sich dem Tier vorsichtig und suchten sich einen sicheren Platz, von dem aus sie es erlegen konnten. Manchmal wurde der Hirsch auch von den Hunden in ein zuvor aufgespanntes Netz getrieben. Ein einzelner langer Hornton signalisierte den Tod des Tieres. Dann folgte der am stärksten ritualisierte Teil der Hirschjagd, die Zerlegung des Tieres in einer genau vorgeschriebenen Weise. Eine detaillierte Beschreibung findet sich in *Sir Gawain and the Green Knight* (Sir Gawain und der Grüne Ritter), einer englischen Dichtung aus dem 14. Jahrhundert. Das Herz, die Lunge und die Luftröhre warf man den Hunden vor, während der rechte Vorderlauf des Tieres der ranghöchsten Persönlichkeit, die anwesend war, oder dem Jagdherrn überreicht wurde.

Auch Damen nahmen an den Jagdgesellschaften teil, weniger jedoch an der Jagd selbst als an den Ereignissen in ihrem Umfeld, den Mahlzeiten und der ritualisierten Zerlegung der Beute. Manche Frauen beteiligten sich jedoch auch an der Treibjagd; so erlegte zum Beispiel die Tochter des französischen Königs Ludwig XI. eigenhändig Hirsche und Bären. In dem Ende des 15. Jahrhunderts entstandenen Gedicht *La Chasse* (Die Jagd) von Jacques de Breze wird von einer Jagd berichtet, die unter der Schirmherrschaft einer Dame stand, die schließlich das Todessignal blies.

Der adelige Autor von *The Master of Game* (Der Meister des Spiels), eines im ausgehenden Mittelalter in England sehr populären Buches, schrieb: „Die Zeit des Jägers ist frei von Müßiggang und schlechten Gedanken (...) Jäger leben in dieser Welt glücklicher als alle anderen Männer. Denn wenn ein Jäger morgens erwacht, sieht er einen schönen, einladenden Morgen und einen klaren Himmel, und er hört die Vögel singen (...) und wenn die Sonne aufgegangen ist, erblickt er frischen Tau auf den kleinen Zweigen und im Grase." Froissarts Darstellung des Grafen

Gaston von Foix unterstreicht, daß das Jagen tatsächlich ein gesunder Sport gewesen sein muß: „Ich habe noch nie einen Mann gesehen, der so vollendet gebaut war, solch gut proportionierte Gliedmaßen und ein so anmutiges, fröhliches Gesicht besaß. Er liebte Hunde mehr als alle anderen Tiere und widmete sich ausgiebig der Jagd, sommers wie winters." Die Jagd wurde dem Grafen schließlich aber auch zum Verhängnis, wie Froissart weiter berichtet: „Am Tage seines Todes hatte er den gesamten Vormittag mit der Jagd auf einen Bären verbracht, der schließlich auch gestellt werden konnte. Bis man ihn getötet und zerlegt hatte, war es schon Nachmittag. Er fragte seine Männer, wo das Mahl für sie vorbereitet sei (...) und ritt langsam zum Dorfe." Dort jedoch brach der Graf kurz nach seiner Ankunft zusammen und erlag einem Gehirnschlag, der durch die Überanstrengung an diesem heißen Augusttag verursacht worden war.

Die Jagd in größerem Stil blieb den höheren Rängen der Gesellschaft vorbehalten. Die Tiere in den Wäldern – das Rotwild, die Wildschweine – wurden durch königliche Edikte geschützt. Außerdem nahm der König das Recht in Anspruch, Füchse, Hasen, Wildkatzen, Fasane und Rebhühner auf seinen Ländereien zu halten. Die meisten Grundherren besaßen auf ihren Ländereien das alleinige Jagdrecht. Doch trotz aller Vorschriften ließ sich die Wilderei durch Bauern nicht völlig verhindern. In den Büchern der Güter wird häufig von der Bestrafung von Wilderern berichtet. Funde von Tierknochen belegen, daß viele wilde Tiere, insbesondere kleinere Tiere, in den Dörfern verzehrt wurden. Gerichtsprotokolle und literarische Beispiele zeigen, daß die Wilderei nicht nur zum Zwecke der Nahrungsbeschaffung betrieben wurde. Vielen Bauern bereitete es auch ein besonderes Vergnügen, auf verbotenem Terrain Vögel und andere Tiere zu jagen. Eine englische Dichtung aus dem 14. Jahrhundert, *The Parliament of the Three Ages* (Das Parlament der drei Lebensalter), beginnt mit der Darstellung des Streifzugs eines Wilderers, der sich in die Wälder aufmacht und dort mit Pfeil und Bogen und einem Hund auf die Pirsch geht und einen Hirsch erlegt. Der Dichter schildert in lebendigen Worten die Freude, die den Mann dabei überkommt: „(...) im Sommer, in den milden Lüften, ging ich in den Wald, um mein Glück zu versuchen (...) Ich wartete am Ufer eines Baches, wo die Wiese grün und von Blumen übersät war – Primeln, Immergrün und üppige Minze. Tau benetzte die Gänseblümchen wie auch die Knospen, Blüten und Zweige, während

Fische in einen Korb zu treiben, erforderte Geschick und gute Zusammenarbeit. Aufgrund der zahlreichen Fastentage waren Fische aus Flüssen und Teichen sehr gefragt. Unten: Ein Bauer zielt mit einer Armbrust auf einen Reiher. Ein Adeliger hätte den Reiher vermutlich mit Hilfe eines Wanderfalken erlegt.

sich um mich herum ein leichter Nebel zu senken begann. Der Kuckuck und die Taube jubilierten laut."

Die Wilderei beschränkte sich nicht nur auf Landtiere, auch das Fischen erfreute sich – ob erlaubt oder unerlaubt – einer großen Beliebtheit. Die lauen Sommernächte boten dazu eine ideale Gelegenheit. Die Herrenhäuser und die Klöster verfügten über Fischteiche, die stets aufgefüllt wurden; auch aus den Flüssen und dem Meer ließen sich Fische holen. Fisch bildete während der fleischlosen Tage – nicht nur am Freitag, sondern auch am Mittwoch und Samstag – das wichtigste Nahrungsmittel an adeligen und geistlichen Höfen. Trotz der angedrohten Strafen ließen sich die Bauern von der Fischwilderei nicht abhalten. Eine Gerichtsakte berichtet von einem Bauern, der im Teich seines Grundherrn eine Schleie fing. Zu seiner Verteidigung führte er an, seine Frau sei seit mehr als einem Monat krank und könne nichts mehr essen. Als sie plötzlich nach einer Schleie verlangt habe, sei er hinausgegangen, um eine für sie zu fangen.

Ebenso beliebt wie die Jagd war die Falknerei, die von Männern wie Frauen gleichermaßen ausgeübt wurde. Sie galt ebenfalls als ein Zeitvertreib der Könige und des Adels, besaß jedoch auch in niedrigeren sozialen Schichten viele Anhänger. John Paston, Sproß einer Landadelsfamilie in Norfolk, brachte die weit verbreitete Begeisterung für diesen Sport zum Ausdruck, als er im 15. Jahrhundert an seinen Bruder schrieb: „Für all die Dienste, die ich dir im Laufe meines Lebens zu erbringen habe, verlange ich nichts weiter als einen Hühnerhabicht (...), denn wenn ich keinen Habicht besitze, werde ich dick und fett aus Mangel an körperlicher Betätigung." Anders als die Jagd entsprach die Falknerei eher einem Hobby. Sie erforderte langwierige Vorbereitungen, brachte wenig Ertrag und lohnte sich deshalb kaum. Die Jagd dagegen lieferte wenigstens Nahrungsmittel für den Haushalt. Der Besitz von Vögeln war eng mit dem sozialen Status verknüpft. Nur der König durfte einen Gerfalken sein eigen nennen; Adelige mußten mit Wanderfalken jagen, Priester und Mönche mit den weniger angesehenen Sperbern. Diese Vögel und der Hühnerhabicht stammten aus Nordeuropa. Aus der Mittelmeerregion wurden auch Lanner- und Würgfalken eingesetzt.

Falken mußten sorgfältig abgerichtet und mit hochwertigem Fleisch gefüttert werden. Die Falken des englischen Königs Johann ohne Land fraßen Tauben, Hühner und Schweinefleisch. Man erlaubte ihnen häufig, im Inneren des Hauses auf Sitzstangen zu schlafen, und schmückte sie mit kleinen Kapuzen, Glöckchen und Quasten. Die Falken wurden darauf abgerichtet, auf ihr Opfer (Kraniche, Reiher, Rebhühner, Hasen und Kaninchen) herabzustoßen, es zu töten und dann auf die Faust ihres Besitzers zurückzukehren, die durch einen Handschuh geschützt war. Besonderer Beliebtheit erfreute sich die Falknerei an Gewässern; die Helden zahlreicher mittelalterlicher Romane vertreiben sich damit die Zeit.

Im Sommer fanden zahlreiche Feste weltlicher wie auch geistlicher Art statt. Das erste religiöse Fest war Pfingsten, an dem man die Herabkunft des Heiligen Geistes auf die Apostel feierte. Pfingsten galt als zweitwichtigstes Kirchenfest nach Ostern, das 50 Tage vorher gefeiert wurde. An diesem Fest konnten die Laien ihre Sünden beichten und das Abendmahl empfangen. Das Pfingstfest scheint in der mittelalterlichen Literatur eine fast romantische Anziehungskraft ausgeübt zu haben. In den Erzählungen von König Artus und den Rittern der Tafelrunde ist die Feier des Pfingstfestes am Hof Anlaß für bedeutende Abenteuer oder Entwicklungen, wie zum Beispiel der mystischen Erscheinung des Heiligen Gral. In *Le Morte D'Arthur* (Der Tod Arthurs) von Thomas Malory müssen die Mitglieder des Hofes ihren Rittereid jedes Jahr zu Pfingsten öffentlich erneuern.

Pfingsten markierte den Beginn der sommerlichen Kirchenfeste. Am folgenden Sonntag, dem Dreifaltigkeitssonntag, feierte man Gott in seinen drei Personen. Am Donnerstag nach Dreifaltigkeit folgte Fronleichnam, ein Fest zur Verherrlichung der Eucharistie. Fronleichnam gewann im Verlauf des späten Mittelalters zunehmend an Bedeutung. Überall in Europa fanden an diesem Tag Prozessionen und Aufführungen von kurzen Stücken statt. In England entwickelten sich daraus Ende des 14. und im 15. Jahrhundert die großen Mysterienspiele. Diese Schauspiele bildeten für die weniger Frommen den vermutlich interessantesten Aspekt des Fronleichnamsfests. Für gottesfürchtige Menschen jedoch besaß dieses Fest eine wesentlich tiefergehende Bedeutung. Margery Kempe, eine fromme Frau aus Norfolk, wurde häufig zu Tränen gerührt durch Szenen wie diese: „Und wenn sie miterlebte, wie das Heilige Sakrament mit Lichtern und in großer Ehrerbietung durch die Stadt getragen wurde und die Menschen niederknieten, überkamen sie viele heilige Gedanken und Betrachtungen, und dann weinte sie oft und schrie, als würde sie schier zerspringen vor Hingabe an das Heilige Sakrament."

Ein junger Mann mit einem Falken auf der Faust.

Diese Illustration vermittelt einen Eindruck von den vielfältigen Methoden der Vogeljagd. Eingesetzt werden Armbrüste, Speere, Netze und Greifvögel. Bauern verwendeten auch Schleudern und Steine.

Ein Priester hält bei der Wandlung während der Messe die Hostie in die Höhe.

Das große weltliche Fest im Sommer war die Mittsommernacht, das Gegenstück der heidnischen Wintersonnenwende in der warmen Jahreszeit. Es fiel mit dem Johannistag zusammen, doch diese religiöse Bedeutung blieb weitgehend im Hintergrund. An diesem Tag entzündete man Feuer, die in manchen Gegenden auch die Sommersonnenwende symbolisierten, und sprang darüber. Da viele Bräuche, die bei diesem Fest praktiziert wurden, vorchristlicher Herkunft waren, versuchte die Kirche, sie zu unterbinden. In einer Beschreibung aus dem 13. Jahrhundert heißt es: „Am Abend des Johannistags sammeln die Jungen in manchen Gegenden Knochen und Abfall und verbrennen sie, und daraus steigt Rauch in die Luft empor. Sie machen auch Brandzeichen und gehen mit ihnen auf die Felder. Und zum dritten gibt es noch das Rad, das sie umherrollen.“ In

In Holzöfen wurde Brot unterschiedlicher Art gebacken. Bauern mußten häufig den Dorfofen benutzen, den der Grundherr zur Verfügung stellte.

London stellten die besser situierten Bürger am Abend des Johannistags Tische mit Wein auf und luden Passanten zum Trinken ein.

An Lammas, einem Fest, das auf den 1. August fiel, weihte man traditionell das erste Brot aus der neuen Ernte zum Laib des Herrn. Für die Kirche war dies das Fest des hl. Petrus in Ketten, doch die Bedeutung dieses Tages beruhte vor allem darauf, daß er einen Wendepunkt im bäuerlichen Arbeitsjahr markierte. Im September und Oktober folgten die Erntedankfeste, doch Lammas, das den tatsächlichen Beginn der Ernte signalisierte, repräsentierte im übertragenen Sinn auch die geistige Ernte, die im Brot der Kommunion verkörpert wurde.

Das letzte große kirchliche Fest im Sommer bildete Mariä Himmelfahrt am 15. August. Die im ausgehenden Mittelalter in allen Teilen Europas stark ausgeprägte Marienverehrung trug wesentlich zur Popularität dieses Feiertags bei. Auch heute noch kann man einen Eindruck von der Bedeutung des Festes gewinnen, wenn man diesen Tag in einem der katholischen Länder am Mittelmeer verbringt, wo sich Umzüge (wie in Les Saintes-Maries-de-la-Mer in Frankreich), Theateraufführungen (wie in Elche in Spanien) oder öffentliche Spiele (wie im Palio in Siena) mit großen Volksfesten verbinden. Daraus entstanden im Lauf der Zeit weniger spektakuläre städtische und dörfliche Sommerspiele. Heutige Feste wie der Käseroll-Wettbewerb im italienischen Pienza und die chaotischen Ziegen- und Eselrennen, die noch bis vor einigen Jahren im französischen Yssingeaux abgehalten wurden, sind moderne Ableger der mittelalterlichen Volksfeste, die auf eine anarchische, überschwengliche Weise der Unbeschwertheit des Sommers entsprachen.

HERBST

Links: Diese Scheune in Flandern wird mit Futter für den Winter gefüllt.

Überall im mittelalterlichen Europa stellte der Herbst eine kritische Periode dar, denn in dieser Jahreszeit wurde der Rest der Ernte eingebracht und der Boden für die Aussaat des Wintergetreides vorbereitet. Dem *Secretum Secretorum* zufolge begann der Herbst, wenn die Sonne Mitte September das Tierkreiszeichen der Waage erreichte, und dauerte bis Mitte Dezember, wenn sie in das Zeichen des Steinbocks trat. In dieser Zeit beschäftigte man sich damit, die Erträge des Sommers zu sichern, Vorräte für den Winter anzulegen und die Erzeugnisse des Bodens auf vielfältige Weise zu verarbeiten – zeitraubende, aber notwendige Arbeiten, wollte man im heraufziehenden Winter nicht Not leiden.

In den literarischen Darstellungen des Herbstes aus dem Mittelalter läßt sich wenig vom romantischen Geist von John Keats „Jahreszeit der Nebel und der reifen Fruchtbarkeit" entdecken. Das *Secretum Secretorum* stellt nicht den Aspekt der Reife und der Fülle in den Vordergrund. Es charakterisiert den Herbst als Übergangsphase und beschreibt ihn naturalistisch als Zeit des Verfalls und des Rückgangs, in der die Nächte länger werden, die Luft sich abkühlt, die Blätter fallen, die Zugvögel in wärmere Gefilde aufbrechen und die übrigen Tiere ihre Höhlen und Rückzugsplätze aufsuchen. Das *Secretum* vergleicht diese Jahreszeit mit einer Frau in reifen Jahren, die ihrer Kleider beraubt ist, ihre Jugend und Schönheit eingebüßt hat und sich auf das Alter zubewegt.

Dieses deprimierende Bild des Herbstes läßt sich mit dem Attribut „melancholisch" in seiner heutigen Bedeutung verbinden, doch auch im physiologischen Verständnis des Mittelalters wurde der Herbst mit der Körperflüssigkeit der Melancholie, der schwarzen Galle, in Verbindung gebracht. Der Herbst, der unter der Vorherrschaft der Melancholie stand, erforderte eine entschlossene Bekämpfung der negativen Auswirkungen dieser kalten, trockenen Substanz. Das *Secretum Secretorum* empfahl den Verzehr von heißen, feuchten Speisen wie Huhn, Lamm und süßen Trauben sowie guter alter Weine, um die Melancholie abzuwehren – zweifellos recht verlockend erscheinende Heilmittel. Abführ- und Brechmittel helfen im Herbst, die Melancholie aus dem Körper zu vertreiben; man sollte sie um die Mittagszeit einnehmen, wenn „Überfluß" oder ein Übermaß an Körpersäften zu einem besonders ausgeprägten Ungleichgewicht im Haushalt des menschlichen Leibes führen.

Doch die Schwermut des Herbstes zu bezähmen, war leichter gesagt als getan. Thomas Hoccleve, ein Dichter, der Anfang des 15. Jahrhunderts lebte, berichtete in dem Gedicht *Complaint* (Wehklage) von seinem Nervenzusammenbruch. Das Gedicht beginnt mit einer Schilderung der düsteren Gedanken, die ihn während einer schlaflosen Nacht Ende November plagen. In ihnen verbindet sich der Ausklang des Jahres mit dem unausweichlichen Verfall und dem Tod des Menschen:

> Nachdem der Herbst die Korngarben eingebracht hatte und der braune Michaelistag die Bäume ihrer Blätter beraubt hatte, ihrer einst grünen, kraftvollen Blätter, sie gelb gefärbt und zu Boden gerissen hatte, da rührte mich diese Wandlung bis in die Tiefen meines Herzens, denn sie gemahnte mich abermals daran, daß es nichts Festgefügtes gibt in der Welt. Es gibt nur Wandel und Veränderlichkeit. [Die Welt] ist nicht von Dauer. Der Mensch muß von ihr lassen. Der Tod wird ihn in die Erde unter seinen Füßen stoßen. So endet ein jeder.

Die schlichte Botschaft des Herbstes lautet jedoch nicht nur, daß die Zeit vergeht, sondern auch daß der Mensch schwere Prüfungen zu bestehen habe, seien es die praktischen Probleme des Überlebens im Winter oder die geistigen Herausforderungen der Sterblichkeit und der Ungewißheit über das Schicksal der Seele. Traditionell assoziierte man den Herbst mit dem Heraufziehen des Jüngsten Gerichts; im 9. Jahrhundert erklärte der Theologe Hrabanus Maurus: „Der Herbst, in dem die Früchte der Erde gesammelt werden, ist eine Zeit der Reife und der Ernte; sie verkörpert das Letzte Gericht, vor dem jeder die Belohnung für seine Werke erhalten wird."

In der im 14. Jahrhundert entstandenen Dichtung *Sir Gawain and the Green Knight* (Sir Gawain und der Grüne Ritter) verleihen unverhohlene Andeutungen dieser Art der eindrucksvollen Schilderung vom Heraufziehen des Herbstes einen tieferen Sinn. Der Held, der Artus-Ritter Gawain,

Diese ausgelassen feiernden Leute aus einer italienischen Handschrift vom Ende des 14. Jahrhunderts scheinen die Melancholie mit edlem altem Wein vertreiben zu wollen, doch die Darstellung wirkt eher wie eine Warnung vor der Trunkenheit.

akzeptiert darin für das kommende Jahr einen Revanchekampf mit dem geheimnisvollen Grünen Ritter, dem er bei einem Neujahrsturnier in Camelot den Kopf abgeschlagen hatte. Das Verstreichen dieses Jahres wird in einer Beschreibung der Jahreszeiten angedeutet. Es gipfelt schließlich in der Abreise Gawains, der an Allerseelen (2. November) vom Hof aufbricht, um sich seinem Schicksal zu stellen.

> Doch dann zieht eilends der Herbst ins Land und legt sein Herz [in die Pflanzen] und läßt sie reifen; durch Trockenheit bewegt er den Staub, sich in die Lüfte zu erheben und vom Antlitz der Erde zu verschwinden; ein scharfer Wind aus dem Himmel kämpft mit der Sonne, die Blätter fallen von der Linde und schweben zu Boden, und das einst grüne Gras verblaßt; alles, was herangewachsen ist, beginnt zu reifen und zu faulen, und so vergeht das Jahr einen Tag um den anderen, und schließlich kehrt der Winter zurück, wie die Natur es erfordert.

Dieses Bild vom Ringen des Herbstes spiegelt sehr genau Gawains mißliche Lage wider, denn ihn erwartet eine Prüfung seiner Treue und seines Mutes, die zu seinem Tod und schließlich zur Beurteilung seines Lebens vor dem Jüngsten Gericht führen wird. Während der Kreislauf der Jahreszeiten von neuem beginnt, wird dem Menschen nur eine einzige Chance eingeräumt, seine geistige Ernte einzubringen, denn der Ablauf der Lebenszeit des Menschen vollzieht sich nur einmal.

Viele Menschen des Mittelalters betrachteten den Herbst jedoch auf eine positivere Weise. Sofern keine Hungersnöte auftraten (und damit mußte man im Mittelalter immer rechnen), war der Herbst eine Zeit des vollen Magens und des Feierns, bevor der Winter mit seiner Strenge das Land überzog. Die angenehmeren Seiten dieser Jahreszeit werden auch in den Illustrationen der Monatsarbeiten dargestellt. In den Herbstmonaten September, Oktober und November wird das Getreide gedroschen (vor allem in den Illustrationen aus England, wo die Getreideernte ein wenig später einsetzte als auf dem europäischen Festland), der Wein gelesen, gekeltert und in Fässer gefüllt und jene Tiere gemästet und geschlachtet, die man nicht über den Winter behalten will. Man mußte sich nicht nur mit der Lagerung und Verarbeitung der Ernte des zu Ende gehenden Jahres befassen, sondern auch schon die Ernte des kommenden Jahres vorberei-

Innerhalb der Hofumzäunung dreschen zwei Bauern Getreide auf dem Boden, während ein dritter es worfelt, um die Spreu vom Weizen zu trennen.

ten. In zahlreichen Illustrationen der Monatsarbeiten wird deshalb gepflügt und Wintergetreide gesät.

Die bäuerliche Arbeit im Herbst begann mit der Verarbeitung der Getreideernte, einem Vorgang, der seine eigenen Geheimnisse besaß: Das Getreide wurde gedroschen, geworfelt oder gesiebt, je nachdem, ob man es zum Mälzen, als Saatgetreide, zum Brotbacken oder anderweitig als Nahrung verwenden wollte. Ein Großteil dieser Arbeiten wurde von Bauern ausgeführt, die ihren Grundherrn dazu verpflichtet waren. Bei schlechtem Wetter wurde nicht im Freien, sondern in der Scheune gedroschen. Die Männer schlugen dabei mit Dreschflegeln auf die am Boden der Scheune ausgebreiteten Ähren. Wurde das Dreschen unsachgemäß ausgeführt, blieben Körner im Stroh zurück und konnten austreiben, wenn das Stroh zum Beispiel zum Dachdecken verwendet wurde, oder keimen, wenn man es lagerte. Geworfelt wurde im Freien, und zwar an windigen Tagen; dabei warf man die Körner mit den Händen in die Luft, damit der Wind die Spreu vom Weizen trennen konnte. Das schwerere Getreide, das auf den Boden zurückfiel, schaufelte man in Behälter, während die Spreu als Futter für die Zugtiere verwendet wurde. Das Dreschen wie auch das Worfeln wurde vom Gutsverwalter aufmerksam überwacht, um sicherzu-

stellen, daß der Ernteertrag ganz verarbeitet und nichts gestohlen wurde. Eine Abhandlung über die Landwirtschaft empfiehlt, dafür Sorge zu tragen, daß die Drescher und Worfler kein Getreide abzweigen und in ihrer Kleidung oder ihren Schuhen mit nach Hause nehmen. Nichts wurde weggeworfen, sogar die Spreu wurde verwertet; vermischt mit etwas Getreide ließ sie sich im Winter als Pferdefutter verwenden.

Die Arbeit der Bauern fand auch Eingang in die Literatur. In *Mankind* (Menschheit), einem im 15. Jahrhundert entstandenen moralischen Lehrstück, unterbricht die Figur des Lasters die Figur der Tugend, die gerade mit Hilfe von Herbstmetaphern über das Jüngste Gericht spricht und es als eine Gelegenheit bezeichnet, den Weizen (die tugendhaften Seelen) von der Spreu (den sündigen Seelen) zu trennen. Die Tugend fragt das Laster, weshalb es sich einmische, woraufhin dieses erwidert:

> Weil ich einen Korndrescher angeheuert habe, werter Herr,
> Und er sagt, das Korn solle bewahrt, die Spreu verbrannt werden,
> Und er hat recht, wie dieser Spruch beweist:
> *Corn servit bredibus, chaff horsibus, straw fribusque.*
> [Englisch-lateinische Verballhornung für: „Korn dient für Brot, Spreu für Pferde, Stroh für Feuer."]
> Soviel sei hier gesagt, damit Ihr's besser versteht
> Denn das Korn soll Brot werden beim nächsten Backen;
> *Chaff horsibus et reliqua.*
> [„Spreu für die Pferde etcetera."]
> Die Spreu wird ein gutes Futter für das Pferd sein
> Wenn einem Mann kalt ist, kann man das Stroh verbrennen.

Der Agrarökonom Thomas Tusser drückte diesen Zusammenhang prosaischer aus: „Fehlt die Spreu, bleibt das Pferd dünn."

Links: Ein Mann bearbeitet die Ähren mit einem hölzernen Dreschflegel, während der andere worfelt. Unten: Das Worfeln war eine anstrengende Arbeit, wie am Gesichtsausdruck dieses Bauern zu erkennen ist.

Mühlen waren für die Landwirtschaft unverzichtbar und prägten das Landschaftsbild. Doch in den Dörfern gab es kaum eine Einrichtung, die größere Probleme bereitete. Die Aufwendungen für den Bau einer Mühle waren beträchtlich. Die Bauern mußten ihr Getreide in der Mühle des Grundherrn abliefern, wo es zu Mehl gemahlen wurde. Hierfür mußten sie ein Sechzehntel ihres Ernteertrags abgeben. Viele Haushalte verfügten über eine kleine Handmühle, mit der sie für den eigenen Bedarf mahlen konnten, häufig aber war der Besitz von Handmühlen verboten.

Hier ist deutlich zu sehen, wie das mächtige Wasserrad arbeitet. Mit seiner Hilfe konnte eine große Menge Getreide gemahlen werden. Es war jedoch stets auf ausreichende Wasserzufuhr angewiesen.

In vielen Dörfern mußten die Bauern ihr Getreide in der Mühle des Grundherrn mahlen lassen. Das Getreide zur Mühle zu bringen, war eine mühsame Arbeit, die oft genug von Frauen ausgeführt wurde.

Müller waren sprichwörtlich unehrlich: „Ein ehrlicher Müller hat einen goldenen Daumen!“ Chaucers Müller, ein befremdlich wirkender Pilger auf dem Weg nach Canterbury, weiß alles über Getreidediebstahl und Übervorteilung bei den Abgaben. Dies schildert Chaucers Posse *Reeve's Tale* (Die Erzählung des Vogts), in der der verschlagene Müller von Trumpington zwei Studenten aus Cambridge betrügt, die ihm das Getreide ihrer Universität bringen. Er wird dafür mit einer Tracht Prügel und der Schändung seiner Frau und seiner Tochter bestraft.

In Mühlen wurde nicht nur Getreide gemahlen, auch Oliven und Nüsse wurden ausgepreßt, um Öl zu gewinnen. Im frühen Mittelalter wurden Mühlen durch Wasser angetrieben, das man aus einem schnell fließenden Bach in den Mühlenteich umleitete. Dessen Ufer waren mit Lehm befestigt und besaßen ein System von Schleusen, das den Wasserstand regulierte. Wasserkraft war kostbar, und häufig traten Probleme auf, wenn nicht genug Wasser vorhanden war. Tusser empfahl seinen Lesern, ihr

Frauen spielten oft eine wichtige Rolle bei der Weinlese. Hier füllt eine Pflückerin reife rote Trauben in den Tragekorb eines Mannes, der sie zur Weinpresse bringt.

Mahlgut zur Mühle zu bringen und sicherzustellen, daß immer gemahlenes Korn auf Lager ist, „falls es dem Müller an Wasser mangelt, wie es häufig der Fall ist". Im Winter froren die Teiche oft zu. In den meisten Teilen Europas gab es entweder zu wenig Wasser oder, wie im englischen Sumpfland, zuwenig Gefälle, um eine ausreichende Wasserversorgung zu gewährleisten – Probleme, die die Windmühle als ideale Alternative erscheinen ließen. Hierbei mußte man jedoch sicherstellen, daß die Flügel der Windmühle korrekt ausgerichtet waren, um den Wind nutzen zu können; dieses Problem löste man, indem man die gesamte Windmühle auf einem drehbaren Zapfen montierte.

Auch die Weinlese und die Weinherstellung waren beliebte Themen in den Illustrationen der Monatsarbeiten, sowohl auf dem europäischen Festland als auch in England. Im späten Mittelalter verlor der Weinbau in England jedoch zunehmend an Bedeutung. Früher hatte man bis hinauf nach Yorkshire und vor allem im Tal von Gloucester Wein angebaut. England

Die Trauben werden zur Weinpresse gebracht. Ein Mann zerstampft die Trauben in einem großen Bottich mit den Füßen. Der Saft wird in einem kleineren aufgefangen.

lag am Rande jener Zone Europas, in der damals Weintrauben wuchsen, und schon durch kleinere klimatische Veränderungen konnten die Weinstöcke Schaden nehmen. Im 14. Jahrhundert führte eine geringe, aber spürbare Klimaveränderung in England zu kühleren, feuchteren Sommern, die den kommerziellen Weinbau wesentlich erschwerten. Im 15. Jahrhundert hielt man Weinstöcke noch in privaten Gärten und auf Gütern, aber in der zweiten Hälfte des 16. Jahrhunderts verschwanden sie auch hier. Doch zu dieser Zeit florierte bereits der Weinhandel mit dem Kontinent, insbesondere mit dem Rheinland und Frankreich. Auch die Preise waren für die Angehörigen besser gestellter Schichten durchaus bezahlbar. 1342 kostete eine Gallone (= 4,546 Liter) Wein aus der Gascogne in England vier Pence, Wein aus dem Rheinland sechs Pence. Jene, die es sich leisten konnten, bevorzugten auch damals schon die süßeren und robusteren Weine Kontinentaleuropas, denn die englischen Weine galten als herb und minderwertig, selbst wenn man sie mit Honig und Gewürzen süßte.

Die ärmeren Leute bekamen ihr ganzes Leben kaum Wein zu trinken; bei den Festen des Grundherrn waren sie schon dankbar für ein besseres Bier. Apfelwein wurde in Regionen produziert, in denen der Apfelanbau eine wichtige Rolle spielte, und Birnenmost ließ sich aus fermentiertem Birnensaft gewinnen. In weiten Teilen Europas war das wichtigste alkoholische Getränk jedoch ungehopftes Bier, von dem die meisten Leute durchschnittlich fünf bis sechs Krüge am Tag tranken. Wasser wurde kaum getrunken. Bier gab es in unterschiedlichen Qualitäten, vom ein-

Ein Grundherr beaufsichtigt die Arbeiten im Weinberg. Links wird eine neue Rebenreihe angelegt, in der Mitte pflückt man die Trauben von älteren Weinstöcken.

fachsten Arme-Leute-Getränk bis zum feinsten, wie jenem, das Thomas Becket 1158 auf einer diplomatischen Mission als Geschenk nach Frankreich mitbrachte. Bier wurde auch in vielen kleinen Haushalten gebraut. Man stellte es aus gemälztem Getreide her. Üblicherweise verwendete man Weizen, Hafer oder Gerste als Grundstoff, doch die Franzosen brauten es auch aus ausgefallenen Zutaten wie Wicken, Linsen und Roggen. Das Brauen von Bier war nicht von der Jahreszeit abhängig wie die Weinherstellung, abgesehen von einigen Spezialbieren, die für bestimmte Feste gebraut wurden und eine bestimmte Reifedauer benötigten.

Bier, das unter Zugabe von Hopfen hergestellt worden war, wurde in der zweiten Hälfte des 14. Jahrhunderts von Flandern nach England eingeführt; im 15. Jahrhundert ließen sich flämische Braumeister in London nieder, doch das Hopfenbier verbreitete sich nur langsam.

Für diesen Ochsen hat das letzte Stündlein geschlagen.
Er wird seinem Besitzer eine große Menge Fleisch liefern.
In der Tür verfolgt eine Frau die Szene. Sie wird das
Fleisch später verarbeiten.

Wie für die Menschen war der Herbst auch für die Tiere eine Zeit des Überflusses, denn sie wurden gemästet, damit man sie später schlachten konnte. Viele Rinder, Schafe und Ziegen wurden im Herbst ausgesondert und geschlachtet, da das Winterfutter knapp und teuer war. Futterreserven mußten in erster Linie für die wertvollen Zugtiere angelegt werden, und in Zeiten der Knappheit durfte man diese Reserven nicht angreifen, um die anderen Tiere zu füttern, die nur zur Fleischversorgung gehalten wurden. Das Fleisch der geschlachteten Tiere wurde im Winter verzehrt, zum Teil aber auch eingesalzen. Die Tiere, die man zur Zucht und zur Milcherzeugung benötigte, und Arbeitstiere wie Zugochsen blieben zunächst noch verschont.

Wenn die Ernte eingebracht war, ließ man die Tiere auf den Gemeindeacker, wo sie zwischen den Stoppeln Futter suchten. Zuerst durften die Rinder auf den Feldern weiden, dann erst die Schafe, denn diese fraßen die Halme so weit ab, daß fast nichts mehr übrigblieb.

Der November galt im angelsächsischen Raum als „Blutmonat". Die Darstellungen der Monatsarbeiten zeigen häufig Schweine, die im Oktober oder November gemästet und im folgenden Monat geschlachtet werden. Schweine gab es in jedem Dorf: magere, struppige Tiere, die sich den größten Teil des Jahres von Abfällen ernährten und von dem, was sie beim Wühlen im Boden fanden. Die Tiere setzten nur schwer Fleisch an; es herrschte die Auffassung vor, ein Schwein, das mit Getreide gefüttert werden müsse, sei nicht wert, daß man es behalte. In einem milden Winter konnte man die Schweine zumindest bis Weihnachten draußen lassen und

Diese Illustration aus einem flämischen Kalender des 16. Jahrhunderts zeigt mehrere typische Herbstarbeiten.

erst im Bedarfsfall schlachten. Dadurch erhielt man frisches Fleisch, das schmackhafter war als das zähe gesalzene und geräucherte Fleisch. Auch einen Teil der Schafe behielt man vorerst noch; man konnte sie später, wenn das Futter ausging, immer noch schlachten. Das milde englische Klima bot ideale Bedingungen für die Schafhaltung; wenn der Winter nicht allzu streng ausfiel, konnte man die Tiere im Freien lassen. Die hölzernen Schafgehege wurden regelmäßig verlegt, damit das Land des Grundherrn gleichmäßig durch den Schafmist gedüngt wurde.

Wenn das Schwein geschlachtet ist, sengt man die Borsten ab und zerlegt es in kleinere Teile – Schlachten war eine von den Arbeiten, die die Nahrungsversorgung im Winter sicherstellten.

Die Konservierung und Einlagerung des Fleisches und der übrigen tierischen Erzeugnisse, die man durch die Herbstschlachtung gewonnen hatte, war mit viel Arbeit verbunden. Die traditionellen Methoden der Konservierung waren das Einsalzen, das Räuchern und das Abhängen, durch das sich Muskelfleisch gut konservieren ließ. Das Fleisch von Rindern, Schafen und Schweinen, die im November geschlachtet wurden, konnte man für die Aufbewahrung im Winter vorbereiten, indem man es mehrere Tage in eine Pökellake legte und dann in den Rauch hängte, meist in den Kamin oder den Rauchabzug. Bevor man es später essen konnte, mußte das harte, gesalzene Rind- oder Schaffleisch lange in Wasser gelegt werden, um es von einem Teil des Salzes zu befreien. Salzschinken wurde gekocht und zusammen mit reichlich Kräutern Suppen und Breien beigefügt, was ein einigermaßen passables Mahl ergab. Schweinefleisch absorbierte weniger Salz und blieb auch saftiger – vielleicht ein Grund für die große Beliebtheit, der sich das Schwein unter den Bauern erfreute. Schweine lieferten eine Vielzahl von Fleischprodukten, die konserviert und im Laufe des Winters verzehrt werden konnten. Schinken wurde mit Gewürzen, Salz oder Honig eingerieben, bevor man ihn zum Räuchern aufhängte. Die Innereien mußten sofort nach dem Schlachten verarbeitet werden, ebenso das Blut und das Knochenmark.

Auch in der nicht-kultivierten Landschaft ließ sich einiges ernten. Hecken bildeten eine reiche Nahrungsquelle: Hagebutten, Weißdorn, wilde Beeren und Äpfel, Pflaumen und Nüsse gab es kostenlos und mußten nur eingesammelt werden. Darüber hinaus stellte die Natur noch wei-

Auch die Jagd erbrachte wertvolle Nahrungsmittel, die man für die langen Wintermonate konservierte. Hier bringt der Grundherr einen erlegten Hirsch nach Hause, während im Hintergrund Diener mit verschiedenen Herbstarbeiten beschäftigt sind.

Nachdem er den Boden vorbereitet hat, verstreut der Sämann die Körner entlang der gepflügten Furchen. Er achtet darauf, daß das Saatgut gleichmäßig verteilt wird, damit das Getreide die richtige Dichte erhält und das Unkraut nicht überhandnehmen kann.

tere Erzeugnisse bereit, die zu anderen Zwecken verwendet werden konnten: Schilf und Weidenruten wurden im Herbst gesammelt und später im Winter zu Körben und Netzen geflochten; Binsen dienten als Kerzendocht; aus Nesseln ließ sich Garn herstellen.

Als seien die Menschen noch nicht genug damit beschäftigt gewesen, Vorräte für den Winter anzulegen, mußten sie im Herbst auch bereits dafür Sorge tragen, daß im kommenden Jahr wieder eine reiche Ernte eingefahren werden konnte. Nicht nur Bauern und Landwirtschafts-Theoretiker wußten um die Bedeutung der vorbereitenden Arbeiten im Herbst, auch alle anderen Menschen waren letztlich abhängig von den Ernteerträgen. Thomas Usk, der Autor von *The Treatise of Love* (Abhandlung über die Liebe), bezeichnet die „Zeit, wenn der Oktober seinen Abschied zu nehmen beginnt und der November heraufzieht", als eine Zeit, in der „gute Bauern den Boden mit großer Sorgfalt bearbeiten, um im folgenden Jahr noch mehr Korn für die Ernährung der Menschen hervorzubringen". Thomas Tussers Empfehlungen für den September lauten: „Drescht und worfelt das Getreide, ruft der September./ Fahrt mit dem Pflug über das Feld, und säet den Roggen." Die Aussaat erforderte große Sorgfalt, wie Tusser warnt: „Achtet beim Säen des Korns darauf,/ Daß es weder zu dicht noch zu dünn gesät wird./ Denn bei zuwenig Saat/ Treibt das Land Unkraut hervor." Im Oktober empfiehlt er, den Winterweizen auszusäen, aber nicht bei regnerischem Wetter und nur in geeignete Böden.

Jedes Dorf besaß einen Schweinehirten, dessen Aufgaben darin bestanden, die Schweine der Dorfbewohner zusammenzutreiben und auf die Wiesen oder in die Wälder zu führen, wo sie nach Nahrung suchen konnten – nach Nüssen, Beeren, Hagebutten und Weißdorn. Schweine liebten besonders Eicheln und Bucheckern. Landwirtschaftliche Handbücher weisen darauf hin, daß ein gut gepflegtes Schwein fünfmal in zwei Jahren werfen und dabei jeweils bis zu sieben Ferkel auf die Welt bringen kann. Eine Sau, die geworfen hatte, und die kleinen Ferkel konnte man mit Küchenabfällen ernähren, solange der Frost oder das schlechte Wetter andauerten. Walter von Henley ist der Ansicht, daß Schweine nur im Februar, März und April zusätzliches Futter benötigten. Auf die Schweine mußte man jedoch gut aufpassen, denn sie konnten sich unter Zäunen hindurchwühlen und beträchtlichen Schaden anrichten. Der Schweinehirt mußte sie während der Erntezeit von den Feldern fernhalten; häufig wur-

Die Arbeit an den Bienenstöcken erforderte eine gute Schutzkleidung wie bei diesen italienischen Bienenzüchtern des Spätmittelalters. Die hölzernen und geflochtenen Bienenkörbe stehen nicht direkt auf der Erde, um sie vor Ungeziefer und Feuchtigkeit zu schützen.

den Männer von Dorfgerichten verurteilt, weil sie zugelassen hatten, daß ihre Schweine ausgebrochen waren. Dörfliche Verordnungen verlangten, daß niemand seine Schweine oder Ferkel außerhalb seines Hauses halten durfte. Im Sommer und zu Beginn des Herbstes waren die Schweinberinger im Einsatz, die den Tieren Ringe durch den Rüssel zogen, um ihr zerstörerisches Graben und Wühlen zu unterbinden.

Auch auf Schafe mußte man im Herbst ein aufmerksames Auge haben. Die waren anfällig für Krankheiten, insbesondere für Schorf und Befall mit Leberegeln. Ersteres ließ sich mit ein wenig Teer kurieren. Teer gehörte zu den wichtigsten Stoffen, für deren Erwerb ein Bauer stets Geld

Links unten: Struppige Schweine mit einem kräftigen Rückenkamm tun sich in einem Obstgarten an Äpfeln gütlich, die der Wind von den Bäumen gerissen hat. Im Herbst wurden Schweine, wie auch viele andere Tiere, bis zur Schlachtreife gemästet.

bereithalten mußte, das er zum Beispiel durch den Verkauf von Wolle eingenommen hatte. Leberegel wurden durch Mehltau übertragen, und der Herbst war in dieser Hinsicht besonders gefährlich, denn die Schafe konnten den Mehltau mit den Blättern fressen oder auch die Schnecken, die dem Leberegel als Wirt dienten.

Sogar die Bienenstöcke mußten überwacht werden, um sicherzustellen, daß die Bienen genügend Nahrung bekamen. Tusser empfahl, das Gewicht der Stöcke regelmäßig zu überprüfen und die Bienen bei Bedarf zu füttern: „Seht nach Euren Bienen; ist der Stock zu leicht,/ setzt Wasser mit Honig und Rosmarin an./ Dieses in einer Schüssel mit Zweigen in den Stock gestellt,/ Vertreibt den Hunger und hält sie am Leben."

Im Herbst mußten zahlreiche mühsame, aber notwendige Vorbereitungs-, Ausbesserungs- und Aufräumarbeiten ausgeführt werden, wie zum Beispiel Gräben anlegen, Mauern reparieren, Maulwurfshügel beseitigen, den Hof säubern (und den Abort, was man laut Tusser um Mitternacht tun sollte, um andere dadurch so wenig wie möglich zu belästigen) und den Mist der Tiere und die Fäkalien der Menschen entsorgen. Diese unangenehmen Arbeiten können nicht sonderlich beliebt gewesen sein, vor allem da sie sich nicht unmittelbar, sondern erst auf lange Sicht auszahlten. Eine anonyme Motette gibt eindeutig einem faulen und luxuriösen Leben in der Stadt den Vorzug vor der Schinderei des Bauernlebens:

> Manche reden vom Dreschen und Worfeln, vom Graben und Pflügen, ich aber kann all dem nichts abgewinnen; denn viel besser lebt es sich, wenn man gut versorgt ist mit feinem Wein und Kapaunen, wenn man gute Freunde um sich weiß, die lachen, singen und Spaß machen, wenn man all das hat, was das Herz begehrt und hübsche Damen zugegen sind, so wie man es mag. All das findet man in Paris.

Bevor die Tage nun schnell kürzer wurden, nutzte man die Zeit für Feste und geselliges Beisammensein. In manchen englischen Dörfern fanden sogenannte „Ales" statt, gesellige Zusammenkünfte, die häufig vom Grundherrn organisiert wurden und an denen alle Bewohner teilzunehmen und einen kleinen Geldbetrag beizusteuern hatten. So waren die Bauern von Glastonbury verpflichtet, beim „Ale" zu erscheinen und auf eigene Kosten zu trinken. Diese „Ales" bildeten meist jedoch nur einen Vorwand,

Der Gutsbesitzer und sein Verwalter überprüfen die Qualität des Weins. In der Mitte arbeitet ein Mann an einer mit einem Gewinde ausgestatteten Weinpresse.

Diese Jungen spielen eine Art Hockey mit einem großen Ball, der wahrscheinlich aus einer Schweinsblase hergestellt wurde.

um Trinkgelage zu feiern, zu tanzen und zu spielen, und die Zügellosigkeit, die sie häufig zur Folge hatten, traf auf die scharfe Mißbilligung der Kirche. Die Verurteilung des Tanzens verbanden viele mittelalterliche Prediger mit einem Donnerwetter gegen unzüchtige Küsse und unerlaubten Geschlechtsverkehr; viele Prediger verdammten auch die Dorfschenke als „Kapelle des Teufels".

Die praktische Arbeit der Jahreszeiten wie auch das Wetter beeinflußten die Spiele der Kinder. So schrieb zum Beispiel der spätmittelalterliche Dichter Alexander Barclay im Blick auf die Spiele der Jungen: „Jede Jahreszeit hat ihre Vergnügungen und ihre Freuden." Barclay bezeichnete Fußball als einen herbstlichen Zeitvertreib für Kinder, weil in dieser Zeit aus den Blasen der geschlachteten Schweine Bälle hergestellt werden konnten (die um so mehr Spaß bereiteten, wenn darin getrocknete Bohnen oder Erbsen umherkullerten und zusätzlich lärmten). Manche Kinderspiele konnten nur in der Dunkelheit gespielt werden; so stellte ein englischer Dichter im späten Mittelalter einen spöttischen Vergleich an zwischen der beschränkten Einsicht des Menschen in die letzten Wahrheiten des Lebens und dem Spiel, bei dem Kinder die Schatten jagen, die die Kerzen auf die Wand werfen. Froissart berichtet, er habe im Mondlicht ein Spiel namens „Zwick mich" gespielt.

Kirchliche Feste waren häufig mit weltlichen Vergnügungen verbunden, nicht nur zu Weihnachten; das Allerheiligenfest, das allerdings nicht so bedeutend war wie Pfingsten, ist ein bemerkenswertes Beispiel dafür. Literarische Darstellungen aus der adeligen Welt der Artusromane lassen

Eine Totenmesse wird in angemessenem Rahmen gefeiert. Der mit einem Tuch bedeckte Sarg ist von brennenden Kerzen und Betenden umgeben.

solche großen Feste häufig zum Ausgangspunkt für die Abenteuer ihrer Helden werden; in *Sir Gawain und der Grüne Ritter* gibt König Artus zum Beispiel an Allerheiligen ein großes Fest, bevor Gawain an Allerseelen aufbricht, um sein schicksalhaftes Versprechen gegenüber dem Grünen Ritter einzulösen. Die „prächtigen Feiern der Tafelrunde" vor Gawains Abreise entsprechen denen zu Neujahr.

> Dann wurde der erste Gang aufgetragen mit Trompetenstößen und vielen farbenprächtigen Bannern; es erhob sich der Klang von Trommeln und prachtvollen Bläsern, und lautes, fröhliches Pfeifen von Dudelsäcken hallte wider, so daß manch ein Herz durch ihre Musik gerührt wurde. Dazu wurden erlesene Gerichte serviert mit sehr viel frischem Fleisch und so viele Platten, daß es Schwierigkeiten bereitete, genügend Platz zu finden, um die silbernen Tablette vor den Gästen auf den Tischen abzustellen (...) Jedem Gästepaar wurden zwölf Gerichte aufgetischt, dazu exzellentes Bier und edler Wein.

Auch andere weltliche Formen der Unterhaltung konnten an kirchlichen Feiertagen stattfinden; so wird zum Beispiel gegen Ende von Thomas Malorys Roman *Le Morte d'Arthur* (Der Tod Arthurs), der im 15. Jahrhundert entstand, ein Allerheiligen-Turnier abgehalten, an dem mehrere Unterkönige teilnahmen.

Allerheiligen und Allerseelen war ursprünglich ein großes vorchristliches Herbstfest, das von der Kirche übernommen und in Festtage zum Gedenken an die Verstorbenen umgewandelt wurde. Allerheiligen war den Heiligen, den bekannten wie den unbekannten, gewidmet. Es war ein heiliger Tag, an dem spezielle Messen und andere liturgische Zeremonien stattfanden. Dadurch sollten insbesondere auch jene Heilige geehrt werden, für die es keinen eigenen Namenstag gab. Gebete zu den Heiligen erleichterten dem Menschen den Weg durch das Leben und den Übergang ins Jenseits. Es erscheint daher angemessen, daß auf Allerheiligen unmittelbar das Fest Allerseelen folgte, an dem man der Toten gedachte. Die Gebete, die an diesem Tag gesprochen wurden, halfen vor allem jenen Seelen, die sich noch im Fegefeuer befanden, und die Existenz von Allerseelen vermittelte jenen Menschen, die es sich nicht leisten konnten, posthume Messen für ihr Seelenheil in Auftrag zu geben, die Gewißheit, daß ihre Seelen Beistand erfahren würden auf ihrem Weg vom Fegefeuer in den Himmel. An diesem Tag besuchte man die Gräber von Verwandten und Freunden. In vielen Städten zogen schwarz gekleidete Männer durch die Straßen, läuteten mit Glocken und gemahnten die Menschen daran, der Seelen im Fegefeuer zu gedenken und ihnen durch Gebete beizustehen. Diese Bräuche unterstrichen auf eindringliche Weise die eher düstere Botschaft des Herbstes.

WINTER

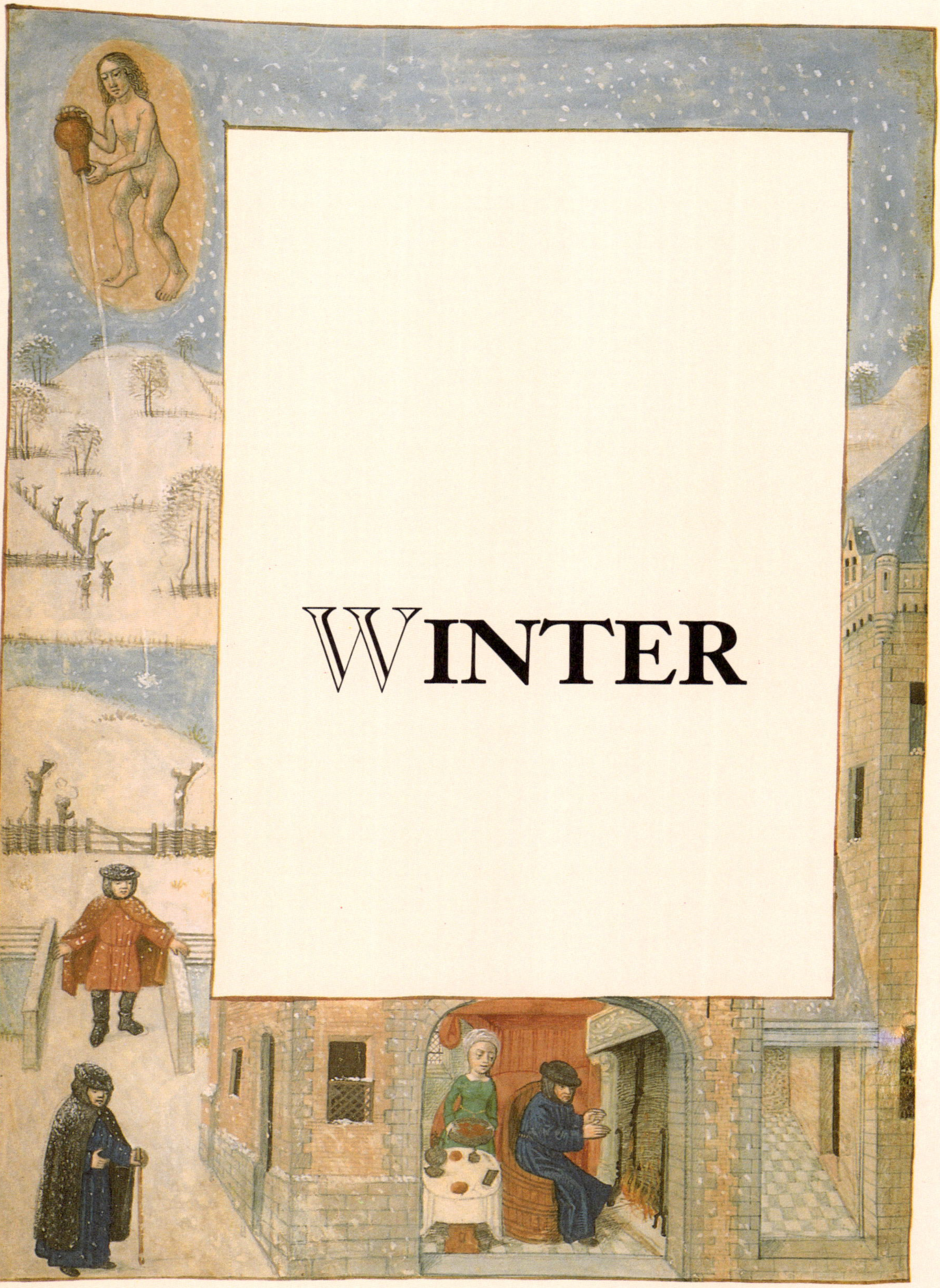

Links: Nach dem beschwerlichen Marsch durch den Schnee warten auf den Mann eine warme Stube und eine treusorgende Gemahlin. Am Himmel erscheint das Zeichen des Wassermanns.

Der Winter war die Jahreszeit, in der man auf die Arbeit des zu Ende gehenden Jahres zurückblicken und ihre Früchte genießen konnte.

Der Winter zehrt alles auf
Was der Sommer erzeugt

lautete ein mittelenglisches Sprichwort. Dem *Secretum Secretorum* zufolge begann der Winter Mitte Dezember, wenn die Sonne in das Zeichen des Steinbocks trat, und dauerte bis Mitte März, wenn sie das Zeichen des Widders erreichte. In jener Zeit des Jahres, in der die Nächte am längsten und die Tage am kürzesten sind, „herrscht die Kälte vor, alle Blätter fallen von den Bäumen, und alles Grüne stirbt und wird hart wie Stein", heißt es im *Secretum.* Auch die Tiere leiden: „Die meisten Tiere verkriechen sich in Berghöhlen, wegen der großen Kälte und der Feuchtigkeit in dieser Jahreszeit; der Himmel ist trüb, die Tage sind düster, und die Tiere zittern, denn die Jahreszeit schwächt ihre Körperkräfte." Dann vergleicht das *Secretum* den Winter mit einer Frau, die vom Alter gebeugt ist, keine Kleider mehr besitzt und sich auf das Sterben vorbereitet.

Die vorherrschende Körperflüssigkeit im Winter ist Phlegma, der kalte und feuchte Schleim; um seiner schädlichen Wirkung zu begegnen, empfiehlt das *Secretum* abermals eine Umstellung der Ernährung. Es rät zu heißen Speisen wie zum Beispiel Tauben-, Hammel- und anderen Braten, zu fetthaltigen Nahrungsmitteln, Feigen, Nüssen, Rotwein und heißen Getränken, um den Schleim zu bekämpfen. Abführmittel und Aderlaß sollten soweit wie möglich vermieden werden, ebenso übermäßiges Essen und allzu häufiger Geschlechtsverkehr. Eine andere Version des *Secretum* weist darauf hin, daß Völlerei im Winter nicht so schädlich sei wie in anderen Jahreszeiten, da die natürliche Wärme des Körpers in dieser Zeit nach innen gezogen werde, was der Verdauung zuträglich sei. Eine gute Rechtfertigung für die weihnachtlichen Tafelfreuden!

Trotz der angenehmen Unterbrechung, die das Weihnachtsfest bot, bringen die mittelalterlichen Autoren vor allem die praktischen Entbehrungen und die deprimierende Stimmung dieser Jahreszeit zum Ausdruck. Ein mittelenglisches Gedicht klagt über die Unannehmlichkeiten des Winters und stellt ihn den Freuden des Frühlings gegenüber. Damit wird angedeutet, daß sich die Stimmung des lyrischen Ichs in der Jahreszeit widerspiegelt; vermutlich handelt es sich um einen unglücklich Liebenden, wenngleich sich das Gedicht auch als Klage eines Menschen deuten läßt, der sich seiner Sterblichkeit bewußt ist: „Es ist eine Freude, wenn im Frühling die Vögel singen; nun aber pfeift ein kalter Wind, und schlechtes Wetter kündigt sich an. Ach, wie lange dauert doch diese Nacht! Und ich muß unverdient mich grämen, trauern und fasten!"

Die Trübsal des Winters wurde schon früh mit einer religiösen Symbolik befrachtet; so bemerkte der Theologe Hrabanus Maurus, der Winter verkörpere „in der Tat das Leid oder das Ende des irdischen Lebens." Die christliche Lehre verstärkte die moralische Deutung dieser Jahreszeit, doch die weit verbreitete Auffassung, die Sterblichkeit des Menschen spiegele sich in der trostlosen Jahreszeit, besaß ältere Wurzeln. Bußprediger griffen diese Zusammenhänge gerne auf. Dabei entstanden einige bewegende meditative Texte wie diese mittelenglische Dichtung:

> Der Winter weckt all meinen Kummer, nun, da die Zweige kahl werden; oft seufze und trauere ich sehr, wenn ich daran denke, wie sich die Freude der Welt in nichts auflöst. In einem Augenblick ist sie hier, dann aber schon wieder vergangen, als habe es sie nie gegeben. Es stimmt, was viele Leute sagen: Alles ist vergänglich, außer dem Willen Gottes. Wir alle müssen sterben, wie wenig uns dies auch gefallen mag. Alles, was im Wald ergrünt, wird nun welk. Jesus, hilf, daß dies offenkundig werde, und bewahre uns vor der Hölle, denn ich weiß nicht, wohin ich gehen soll oder wie lange ich hier bleiben muß.

Der Winter war zweifellos eine höchst unangenehme Jahreszeit für die Menschen des Mittelalters; bestenfalls konnten sie darauf hoffen, seine Beschwernisse zu lindern, indem sie beizeiten für Nahrung, Wärme und Schutz sorgten. Kam es jedoch zu Naturkatastrophen oder zu Kriegen, stellte sich bittere Not ein. Doch auch ohne Katastrophen war der Winter

Die Weinreben werden hier mit verschiedenen Werkzeugen zurückgeschnitten.

vor allem für die Armen eine besonders harte Zeit. Der Dichter William Langland, der im 14. Jahrhundert lebte, spricht in *Piers Plowman* (Peter der Pflüger) mitleidvoll vom schweren Los der Bedürftigen, „der Armen in den Hütten, die eine große Kinderschar am Halse haben und Abgaben an den Grundherrn entrichten müssen", die ebenso wie ihre Kinder „(...) im Winter schmerzhaft unter dem Hunger leiden".

Doch auch die Wohlhabenden spürten die Unannehmlichkeiten des Winters, wenngleich weit weniger als die Armen; ein gewisser Edward Plumpton entschuldigt sich gegen Ende des 15. Jahrhunderts in einem Brief an seinen Cousin Sir Robert Plumpton dafür, daß er ihm kein Wild-

Ein Kind saugt im warmen Haus an der Mutterbrust, während in der Kälte draußen Brennholz gehackt wird. Diese Bauernfamilie teilt ihr Haus mit dem Vieh, obwohl sie relativ wohlhabend zu sein scheint.

Eine Wildschweinjagd in verschneiter Landschaft. Wildschweine waren das wichtigste Jagdwild der begüterten Stände im Winter.

geflügel als Geschenk schicken könne, „(...) denn in ganz Lancashire ließ sich keines auftreiben. Es gab soviel Schnee und Frost, daß alles Geflügel davonflog, und deshalb kann ich Dir keines senden, wie ich Dir versprochen hatte". Sogar am königlichen Hof war das Leben im Winter wenig erfreulich. Eustache Deschamps (1348–1407), ein Dichter in Diensten des französischen Königs, schildert die Probleme:

> Vier Monate im Jahr ist es mir seit meiner Kindheit immer zu kalt. Der November gehört zu ihnen, dann der Dezember und der Januar, und schließlich der Februar, der große Förderer der Kälte. In diesen kalten Monaten ist es am besten, sich [vom Hofe] fernzuhalten. Denn in dieser Zeit sorgen Frost, Schnee, Regen und Winde für ein großes Ungemach; dann geht der König auf Wildschweinjagd, und seine Begleiter hauchen sich in die Hände; jeder achtet darauf, daß sein Bauch gut eingepackt ist. (...) Die jungen Pagen weinen draußen in den Wäldern vor Kälte. Und was die Unterkünfte der Höflinge betrifft, Gott weiß, wie kalt sie sind; im großen Saal fröstelt jedermann, Dienern und Knappen ist es nicht gestattet, Umhänge zu tragen.

Das Winterfutter wird an die Tiere verteilt. Auf den Dächern der umgebenden Gebäude sitzen erwartungsvoll die Tauben. Unten: Flachs, den man im Sommer geerntet hat, wird von den Frauen weiterverarbeitet und schließlich zu Leinenfäden gesponnen, eine typische Beschäftigung im Winter.

In den meisten Teilen Europas konnte man im Winter kaum landwirtschaftliche Tätigkeiten verrichten, und in den Darstellungen der Monatsarbeiten dominieren im Dezember, Januar und Februar häusliche Szenen. Der Winterweizen wurde zu Allerheiligen gesät; der Boden war nun entweder gefroren oder zu schlammig, um darauf zu arbeiten. Nichtsdestoweniger hatte man zahlreiche vorbereitende Arbeiten im Freien zu erledigen, durch die sichergestellt werden sollte, daß die Tiere den Winter über gesund blieben. Die Aufgaben, zu denen Bauern ihren Grundherren verpflichtet waren, umfaßten das Holzfällen, das Zurechtschneiden von Hecken, das Reparieren des Schafstalls und das Sammeln von Farnkraut für den Kuhstall. Wenn die Lehmböschungen des Mühlenteichs sich in einem verregneten Sommer gelöst hatten, mußten auch sie ausgebessert

Mit einem sichelförmigen Messer schneidet dieser Mann Zweige von den Bäumen. Sie wurden zum Bau von Zäunen oder als Brennholz verwendet. Seine Frau bündelt die Zweige.

werden. Zu den wichtigsten Aufgaben in dieser Jahreszeit gehörte die Pflege jener Tiere, die den Winter gesund überstehen mußten, um im Frühjahr wieder zur Arbeit eingespannt werden zu können. Getreidereste, die man von der Ernte aufgehoben hatte, wurden mit Stroh vermischt, um das Futter der Zugtiere nahrhafter zu machen. Bei schlechtem Wetter mußte man die Schafe in den Stall bringen, wo sie mit einfachem Stroh gefüttert wurden. Das Arbeitsjahr des Schäfers begann frühzeitig, denn die ersten Lämmer wurden bereits Anfang Januar geboren und mußten vor Ungeziefer, vor Füchsen und den Naturelementen geschützt werden. Einige wurden gleich verkauft; die anderen, die bei der Herde bleiben sollten, ließ man bis Mai bei den Muttertieren.

Nicht nur draußen, auch im Haus beschäftigte man sich in den Wintermonaten vorwiegend mit Reparatur- und Ausbesserungsarbeiten. Viele Bauernfamilien nutzten die Zeit, die sie im Haus verbringen mußten, um sich auf das Frühjahr vorzubereiten. Sie schnitzten hölzerne Löffel, Teller und Schalen. Horn- und Lederbecher wurden repariert, Schilfrohr und Binsen zu Körben, Pferdegeschirren oder einfachen Fischreusen geflochten. Zacken für Eggen wurden aus Eschen- oder Weidenholz gefertigt und geschärft. Auch die Frauen waren beschäftigt: Sie spannen und nähten, besserten das Haushaltsgeschirr und die Kleidung aus.

Außerdem hatten sich die Frauen um die Ernährung ihrer Familien zu kümmern; manche versuchten vielleicht auch, etwas Abwechslung in die Eintönigkeit der Winterkost zu bringen, die überhandnahm, wenn die Nahrungsvorräte aus dem Herbst zur Neige gingen. Die Hauptnahrung der Bauernfamilien waren dicke Suppen, die in Metallkesseln über dem offenen Feuer gekocht wurden und meist Zwiebeln, Erbsen, Bohnen, Lauch,

Diese gemütliche Wohnstube vermittelt den Eindruck, als habe man das Problem der Versorgung im Winter gut im Griff. Die Frau tischt Gebratenes auf. Sogar die Katze wirkt zufrieden.

Kohl und Linsen enthielten. Gewürzt wurden sie mit Kräutern, die man gesammelt oder im eigenen Garten angebaut hatte, vor allem mit Petersilie. Manchmal wurde die Suppe mit gekochtem Fleisch, Fisch oder Geflügel angereichert. Die Winterkost war sehr salzhaltig, denn ebenso wie das Fleisch, das gelegentlich auf den Tisch kam, hatte man auch die alltäglichen Nahrungsmittel, insbesondere Käse und Butter, eingesalzen, um sie haltbarer zu machen. Viele Bauernfamilien besaßen ein paar Hühner, deren Eier außerhalb der Fastentage für etwas Abwechslung sorgten.

Diese wohlerzogene junge Frau läßt sich auch durch Spiele und Vergnügungen nicht von ihrer Spinnarbeit ablenken.

Vergnügungen und sportliche Aktivitäten halfen, die Schwermut des Winters zu vertreiben und, was ebenso wichtig war, die Menschen warm zu halten. Der spätmittelalterliche Dichter Alexander Barclay spricht in seiner *Winter-Ekloge* davon, daß sich Jungen und Männer mit Fußball und anderen Ballspielen vergnügten:

Jeder kämpft und hat viel Spaß dabei
Mit dem Fuß und mit der Hand die Schweinsblase zu treffen:
Fällt sie auf den Boden, wird sie wieder aufgehoben.
Dies ist mühsam, doch sie empfinden keinen Schmerz,
Sie laufen und springen und vertreiben dadurch die Kälte,
Der stämmige Pflüger, lebendig, stark und kühn,
Überwindet den Winter, indem er dem Fußball nachjagt
Und vergißt dabei die Arbeit und manch einen schmerzhaften Sturz.

Zu den Spielen im Freien gehörten auch Steinewerfen und das Schleudern von Holz- oder Eisenbalken. In England spielte man häufig Schlagballspiele, die dem heutigen Baseball ähnelten; König Edward III. verbot diese Spiele in den Straßen vor dem Palast von Westminster, wenn dort Parlamentssitzungen stattfanden. Während des Hundertjährigen Krieges untersagte das Parlament auch viele andere weit verbreitete Spiele, darunter Handball und Wurfringspiele, und empfahl den Männern und Jungen, sich statt dessen im Bogenschießen zu üben. Die Kinder spielten mit Murmeln, wozu sie kleine Steine oder Nüsse verwendeten; beliebt waren auch Ringen, Kegeln, nach Äpfeln an einem Seil schnappen, Spiele mit Kreiseln und Blindekuh. Über den ersten Schnee dürften sich die Kinder damals genauso gefreut haben wie heute. Wenn Teiche oder Flüsse zugefroren waren, gingen Kinder wie Erwachsene zum Eislaufen, wobei ihnen Tierknochen oder geschliffenes Holz als Schlittschuhe dienten.

Es gab auch zahlreiche Spiele, die man im Haus spielte und die an langen Winterabenden einen angenehmen Zeitvertreib boten. Beliebt waren Glücksspiele. In den Haushaltsbüchern der Elisabeth von York, der Gemahlin König Heinrichs VII., sind häufig Rückzahlungen von Spielschulden an die Hofdamen verzeichnet. An allen weltlichen Höfen wurde um Geld gespielt. Man versuchte, die unteren Schichten vom Würfelspiel und anderen Glücksspielen abzuhalten, doch die Vielzahl der Verbote belegt, daß ihnen wenig Erfolg beschieden war. Populär war auch Schach, das sich seit dem 12. Jahrhundert verbreitete; es wurde sehr ernst genommen und führte häufig zu gewaltsamen Auseinandersetzungen:

> Eines Tages kam es zu einem Streit um einen Springer, der geschlagen wurde. Der eine meinte, es sei ein berechtigter Zug gewesen, der andere behauptete das Gegenteil. Wie so oft bei diesem Spiel, bei dem selbst die gelassensten Menschen ungeduldig werden, kam es zu einem hitzigen Wortgefecht. Beide Spieler sprangen auf, griffen nach ihren Dolchen und begannen zu kämpfen (...) und all das wegen einer Elfenbeinfigur, die in Gestalt eines Springers geschnitzt war.

Eine anonyme französische Motette zeichnet ein idealisiertes Bild von einem behaglichen Winterabend: „Im kalten Januar verzehre ich gern vor dem Kamin Salzfleisch und feiste Kapaune; eine hübsch gekleidete

Kinder bei einer Schneeballschlacht. Im Hintergrund befördert ein Packtier Getreide zur Windmühle. Die hölzerne Mühle ist auf einem drehbaren Zapfen montiert, um die Windverhältnisse optimal ausnutzen zu können.

Dame, Musik und Lachen, das ist es, was ich mag, dazu reichlich guten Wein, ein wohliges Feuer, das nicht qualmt, Würfel und ein Brett.“

Die Langeweile der Winterzeit wurde durch das Weihnachtsfest unterbrochen. Für die Bauern war Weihnachten die längste Ruhepause im Jahr. Es stellte den Höhepunkt in einer Zeit des Überflusses dar; nach Weihnachten verschlechterte sich das Wetter in der Regel, und der Speisezettel wurde eintöniger, da die Nahrungsmittelvorräte nun allmählich zur Neige gingen. Zu Weihnachten legte man Wert darauf, daß Arm und Reich gemeinsam feierten; die Reichen öffneten ihre Türen, um zu Ehren Christi auch die weniger Begüterten an ihrem Wohlstand teilhaben zu lassen. Dafür gab es durchaus Gründe: Thomas Tusser berichtet, daß es den Armen im Winter besonders schlecht ging, da es kaum Arbeit für Tagelöhner gab: „Welche Zeit wäre besser im ganzen Jahr/den armen Nachbarn zu trösten und zu erfreuen.“ Üblicherweise veranstaltete der Grundherr

Das lebhafte Handballspiel im Vordergrund scheint die Schachspieler, die in einem Laubengang sitzen, nicht aus der Ruhe zu bringen.

für die Bauern ein Fest, doch man erwartete, daß die Bauern auch selbst etwas beisteuerten, zum Beispiel ein Huhn oder einen Laib Brot. In der Darstellung eines Weihnachtsessens in der Abtei von Glastonbury wird aufgelistet, welche Rechte und Pflichten jeder Bauer hatte:

> Er darf sein Weihnachtsessen am Hofe des Herrn einnehmen; für ihn selbst und seine Frau gibt es zwei Laibe Brot und zwei Portionen Fleisch sowie ausreichend Bier. Und er soll eine Schüssel, einen Becher und ein Tischtuch mitbringen. Und außerdem soll er vor Weihnachten ein Bündel Feuerholz bringen, um sein Mahl zuzubereiten. Und falls er dies nicht beibringt, wird sein Mahl nicht zubereitet.

Auch andernorts war es üblich, daß die Bauern für die Zubereitung ihres Festmahls Brennmaterial stellen mußten. Zu einem Weihnachtsmahl, wie es von Thomas Tusser empfohlen wurde, gehörten gute Geträn-

Ein weihnachtliches Festessen.

Eine Weihnachtsfeier an einem adeligen Hof. Männer und Frauen, die nach der neuesten Mode gekleidet sind, tanzen zur Musik einer kleinen Blaskapelle.

ke, ein wohliges Feuer im Saal, Sülze, Pudding, Soße, Senf, Rind-, Hammel- und Schweinefleisch, Gänse- und Kalbsbraten, Kapaun und Truthahn sowie Käse, Äpfel und Nüsse. Die gelöste Atmosphäre der zwölf Tage dauernden Weihnachtszeit gibt ein Weihnachtslied aus dem 15. Jahrhundert treffend wieder:

Laßt uns Arm und Reich erfreuen,
Denn nun ist Weihnachten!

Laßt niemanden herein in diesen Saal,
Weder Stallknechte noch Pagen, noch Hofmarschall
Wenn er nicht belustigt uns all',
Denn nun ist Weihnachten!

Wenn er sagt, er kann nicht singen,
Dann soll er andre Unterhaltung uns bringen!
Damit dieses Fest möge gelingen,
Denn nun ist Weihnachten!

Wenn er sagt, daß er nichts von dem tu',
Dann, um Himmels willen, laßt ihn in Ruh'!
Werft ihn in den Speicher und schließt zu!
Denn nun ist Weihnachten!

Wohlhabende Stadtbewohner treffen sich zur Vorbereitung
einer Weihnachtsfeier.

Margery Paston aus Norfolk berichtete 1484 in einem Brief an ihren Ehemann von den Spielen, die man in einem Hause für angebracht hielt, in dem im Lauf des Jahres jemand gestorben war. Laute Vergnügungen waren nicht erlaubt, wohl aber Schach und Kartenspiele:

> Ich schickte Euren ältesten Sohn zu Lady Morley, um herauszufinden, welcher Art von Zeitvertreib man sich dort in der Weihnachtszeit nach dem Tode ihres Gemahls widmete; sie sagte, es gebe kein Harfen- und Flötenspiel, keinen Gesang und auch sonst keine lauten Vergnügungen, nur Backgammon, Schach und Kartenspiele. Sie habe ihren Bediensteten erlaubt, diese Spiele zu spielen, aber sonst nichts.

Am Hof des Königs und an anderen adeligen Höfen wurde ein „Herr der Mißwirtschaft“ oder ein „Herr der Narren“ gewählt. John Stow sprach davon, daß

> es im Hause eines jeden Edelmannes einen Herrn der Mißwirtschaft oder etwas dergleichen gibt (...). Diese Herren beginnen ihre Regentschaft am Abend von Allerheiligen und setzen sie fort bis zum Morgen nach Mariä Reinigung, allgemein Mariä Lichtmeß genannt. In jedem Hause, in dem genügend Platz ist, finden sich Masken und Mummenschanz, und man spielt Karten um Spielmarken, Nägel und Punkte, mehr zum Zeitvertreib als um zu gewinnen.

Schon im Mittelalter schmückten die Menschen zur Weihnachtszeit ihre Häuser mit grünen Zweigen. Stow stellte fest: „Vor dem Weihnachtsfeste wurden die Häuser, aber auch die Kirchen mit Stechpalmenzweigen, Efeu und Lorbeerblättern geschmückt.“ Der grüne Schmuck sollte auf den Frühling und den Beginn des neuen Jahres hinweisen. An den Beginn eines neuen Jahres wurde auch am Tag nach Epiphanias (dem Dreikönigsfest am 6. Januar) erinnert, an dem Feste und Bräuche vielerorts auf den Wiederbeginn des bäuerlichen Arbeitsjahres hinweisen. Häufig ehrte man dabei den Pflug und den Spinnrocken, die Symbole der männlichen beziehungsweise weiblichen Arbeit. Manchmal fanden auch Pflugrennen oder Dorfprozessionen mit einem Pflug statt. Die Kirche war nicht gerade glücklich über diese Bräuche, die heidnische Ursprünge besaßen. In *Dives et Pauper* (Reich und Arm), einer englischen Abhandlung über die Zehn Gebote aus dem 15. Jahrhundert, verurteilt die Kirche all jene, die den Beginn eines neuen Jahres dadurch feiern, daß sie ihre Pflüge um Freudenfeuer ziehen, was ihnen Glück bringen sollte. Auf den Feldern tat sich dann jedoch kaum noch etwas, bis nach Mariä Lichtmeß die Feldarbeit von neuem begann.

Mariä Lichtmeß (2. Februar), das Fest der Reinigung Mariens, trat an die Stelle eines der alten heidnischen Vierteljahresfeste. Überall in Europa fanden an diesem Tag Prozessionen statt. Dieses Fest markierte das Ende der winterlichen Ruhepause. Nach Mariä Lichtmeß konnte man mit der Bestellung der Felder beginnen. Das bäuerliche Arbeitsjahr nahm wieder seinen Lauf, und der Frühling war nicht mehr weit.

Diese Festgesellschaft scheint ein wenig außer Rand und Band zu sein. Es handelt sich um eine mittelalterliche Darstellung der Tischsitten im alten Rom, doch das Bild vermittelt auch einen Eindruck von den etwas derberen Seiten mittelalterlicher Feste.

ANMERKUNGEN

Folgende Quellenzitate wurden modernen Übersetzungen entnommen:

S. 13: zitiert nach G.G. Goulton: Social Life in Britain from the Conquest to the Reformation, Cambridge 1918, S. 52 f.
S. 31: zitiert nach John Harthan: Books of Hours and their owners, London 1977, S. 35
S. 40: Carmina Burana. Die Gedichte des Codex Buranus. Lateinisch und deutsch; übertragen von Carl Fischer. Übersetzung der mittelhochdeutschen Texte von Hugo Kuhn. Zürich, München 1974, S. 447 und 449
S. 41: T.S. Eliot: Das wüste Land. Übersetzt von Ernst Robert Curtius. Mit einem Vorwort von Hans Egon Holthusen; Frankfurt/Main 1975, S. 41
S. 42: zitiert nach Helen Waddell: Medieval Latin lyrics, Oxford 1929, S. 169
S. 52 f.: zitiert nach W.E. Mead: The English medieval feast, London 1931, S. 221
S. 55: J.J. Jusserand: English wayfaring life, 1889, Nachdruck Bath 1970, S. 43
S. 64: Hrabanus Maurus, zitiert nach Rosemund Tuve: Seasons and months: studies in a tradition of Middle English poetry, 1913, Neuausgabe Cambridge, Totowa (New Jersey) 1974, S. 129
S. 75: zitiert nach W. Endrei und L. Zolnay: Fun and Games in old Europe, übersetzt von Károly Ravasz, bearbeitet von Bertha Gaster, Budapest 1986, S. 85
S. 75: zitiert nach Edith Rickert: Chaucer's world, New York 1948, S. 226 f. (Stow-Zitat)
S. 81: The Penguin Book of French verse to the fifteenth century, hg. von Brian Wolidge, Harmondsworth 1966, S. 216 f.
S. 85: The master of game, By Edward, second Duke of York, hg. von W.A. und F. Baillie-Grohman, London 1904, S. 173
S. 86: Froissart: Cronicles, übersetzt und herausgegeben von G. Brereton, Harmondsworth 1968, S. 386
S. 89: The Book of Margery Kempe, überarbeitet von W. Butler-Bowdon, Oxford 1936, Nachdruck 1954, S. 227
S. 92: Der Mönch von Winchcomb, zitiert nach G.C. Homans: English villagers of the thirteenth century, Cambridge (Massachussetts) 1942, S. 369
S. 96: Hrabanus Maurus, zitiert nach Rosemond Tuve, Seasons and months, S. 129
S. 115: The Penguin Book of French verse to the fifteenth century, S. 207
S. 117: Das Schattenspiel der Kinder wird erwähnt in „Think on Yesterday" in Carlton Brown (Hg.): Religious lyrics of the fourteenth century, Oxford 1924, überarbeitet 1957, S. 143
S. 123 f.: Brief von Plumpton zitiert nach Douglas Gray (Hg.), The Oxford book of late medieval verse and prose, Oxford 1985, S. 45
S. 125: The Penguin book of French verse to the fifteenth century, S. 244 f.
S. 130: G. Hindley: The medieval establishment 1200–1500, London 1970, S. 57
S. 130 f.: The Penguin book of French verse to the fifteenth century, S. 206
S. 132: zitiert nach H.S. Bennett: Life on the English manor: a study of peasant conditions, Cambridge 1937, S. 263

Die übrigen Zitate wurden folgenden Editionen mittelenglischer Werke entnommen und teilweise leicht überarbeitet:

Larry D. Benson (Hg.): The Riverside Chaucer, Oxford 1988
R.T. Davies (Hg.): Medieval English lyric: a critical anthology, London 1963
Mark Eccles (Hg.): The Macro plays, Early English Text Society, London 1969 (Mankind)
James Gairdner (Hg.): The Paston letters, Gloucester 1983
E.V. Gordon, (Hg.): The Pearl, Oxford 1953
Douglas Gray (Hg.): The Oxford book of late medieval verse and prose, Oxford 1985
M.C. Seymour (Hg.): Selections from Hoccleve, Oxford 1981
G.V. Smithers (Hg.): Kyng Alisaunder, Early English Text Society 227 und 237, Oxford 1952–1957
H.N. MacCracken (Hg.): The minor poems of John Lydgate, Early English Text Society, Original Series 192 and Extra Series 107, London 1908–1910
M.A. Manzalauoi (Hg.): Secretum Secretorum: nine English versions. Band 1: Text, Early English Text Society 276, Oxford 1977, S. 56 ff.
M.Y. Offord (Hg.): The Parliament of the Three Ages, Early English Text Society 246, Oxford 1959
A.V.C. Schmidt (Hg.): The vision of Piers Plowman, London 1978
Celia and Kenneth Sisam (Hg.): The Oxford book of medieval English verse, Oxford 1970

W.W. Skeat (Hg.): The complete works of Chaucer, Band 7, Oxford 1897, (Thomas Usk: The testament of love)
John Stow: The survey of London 1603, London 1916, mit einer Einleitung von H.B. Wheatley
J.R.R. Tolkien und E.V. Gordon: Sir Gawain and the Green Knight, hg. und überarbeitet von Norman Davis,Oxford 1967
Thomas Tusser: Five hundred points of Good Husbandry, Oxford 1984, mit einer Einleitung von Geoffrey Grigson
Beatrice White (Hg.): Barclays Eclogues, Early English Text Society 175, 1927, Nachdruck London 1961

BILDNACHWEIS

Umschlag: British Library, London. Egerton MS 1147 fol. 9 und fol. 6v. Stundenbuch, Gent, spätes 15. Jahrhundert.
Frontispiz: Löwen (Belgien), Rathaus. Photo: Paul Laes.
1. British Library, London. Royal MS 14 E VI fol. 204. Ländliche Szene für Edward VI., Brügge, 1473–1483.
5. Bibliothèque Nationale, Paris. MS Lat. 173 fol. 6v. Paris/Tours, spätes 15. Jh.
6. British Library, London. Add. MS 54782 fol. 107. Hastings-Stundenbuch, Brügge/Gent, vor 1483.
7. British Library, London. Add. MS 35214 fol. 67. Stundenbuch des Meisters der Claude de France, um 1500–1510.
8–9. Bibliothèque Nationale, Paris. Odoric Pordenone: Le Livre de Merveilles. Photo: Bridgeman Art Library.
11. Bayerische Staatsbibliothek, München. Cod. Lat. 28346 fol. 5. Flämisch, um 1500.
12. Pierpont Morgan Library, New York. MS 399. Brügge, um 1520.
14–15. British Library, London. Add. MS 18850 fol. 3. Bedford-Stundenbuch, französisch, um 1423. Photos: Bridgeman Art Library.
18. The National Trust, Waddesdon Manor. MS 6, Cat. 8 fol. 26. Christine de Pisan, französisch, 15. Jahrhundert.
19. British Library, London. Add. MS 17012 fol. 2. Stundenbuch einer Edeldame am Hof Heinrichs VIII., flämisch, spätes 15. Jahrhundert.
20 links. Biblioteca Nazionale Marciana, Venedig. Benedetto Rinio: Liber de Simplicibus, fol. 363. Italienisch, frühes 15. Jahrhundert.
20 rechts. Victoria and Albert Museum, London. Plinius der Ältere: Historia Naturalis, Buch XXVI, sienesisch, um 1460. Photo: E. T. Archive.
21. Sir John Soane's Museum, London. Soane-Stundenbuch. Flämisch, um 1500. Photo: E. T. Archive.
23. British Library, London. Harley MS 4431 fol. 81. Christine de Pisan: Cité des Dames, Paris 1410.
24 oben. British Library, London. Yates Thompson MS 30 fol. 11. Stundenbuch der Laudomia de Medici, Florenz, um 1502.
24 unten. British Library, London. MS Harley 1319 fol. 12. Französisch, frühes 15. Jahrhundert. Photo Bridgeman Art Library.
27. British Library, London. Add. MS 24098 fol. 20v. ‚Golf'-Stundenbuch, Brügge, um 1520.
28. Musée Condé, Chantilly. P. de Crescenzi: Le Rustican, um 1460. Photo: Bridgeman Art Library.
30. Musée Condé, Chantilly. MS 65/1284 fol. 11v. Très Riches Heures des Herzogs von Berry, französisch, 1416. Photo: Giraudon.
31. British Library, London. Egerton MS 2019 fol. 5. Stundenbuch in Französisch und Latein, spätes 15. Jahrhundert.
32. Victoria and Albert Museum, London. Forster-Stundenbuch. Photo: E. T. Archive.
34. Victoria and Albert Museum, London. Playfair-Stundenbuch, spätes 15. Jahrhundert. Photo: E. T. Archive.
36. British Library, London. Egerton MS 2019 fol. 5. Stundenbuch in Französisch und Latein, spätes 15. Jahrhundert.
37. British Library, London. Add. MS 18855 fol. 92. Stundenbuch der Jungfrau Maria illustriert von verschiedenen Künstlern, flämisch, um 1500.
39 oben. British Library, London. Stowe MS 955 fol. 9. Aus einem Buch mit Liebesgedichten von Pierre Sala, französisch, frühes 16. Jahrhundert.
39 unten. British Library, London. Harley MS 4431 fol. 145. Christine de Pisan: Cité des Dames, Paris, 1410.
40. Bibliothèque Nationale, Paris. Gaston de Foix: Livre de la Chasse, französisch, spätes 14. Jahrhundert.

41. Holkham Hall, Norfolk. MS 307 fol. 20. Französisch, 15. Jahrhundert.
43. British Library, London. Add. MS 35313 fol. 3v. Stundenbuch des Meisters Jakobs IV. von Schottland, um 1510.
45. British Library, London. Add. MS 54782 fol. 73v. Hastings-Stundenbuch, Brügge/Gent, um 1480.
46. British Library, London. Add. MS 19720 fol. 288. Ländliche Szene, französisch, spätes 15. Jahrhundert.
49. British Library, London. Add. MS 24098 fol. 26v. ‚Golf'-Stundenbuch, flämisch, um 1500.
50. Pierpont Morgan Library, New York. MS 399. Brügge, um 1520.
51. British Library, London. Royal MS 14 E VI fol. 270. Ländliche Szene für Edward VI., Brügge, 1473-1483.
53. British Library, London. Add. MS 19720 fol. 27. Ländliche Szene, französisch, spätes 15. Jahrhundert.
54. British Library, London. Add. MS 35313 fol. 3. Stundenbuch des Meisters Jakobs IV. von Schottland, um 1510.
54. Pierpont Morgan Library, New York. MS 399. Brügge, um 1520.
56. Fitzwilliam Museum, Cambridge. MS 165 fol. 46. René I., Herzog von Anjou: Le Mortifiement de vaine plaisance, flämisch, spätes 15. Jahrhundert.
57. British Library, London. Royal MS 18 D II fol. 148. John Lydgate: Troy Book, spätes 15. Jahrhundert.
58–59. Museé Condé, Chantilly. MS 76/1362. Stundenbuch der Herzogin von Burgund, um 1450. Photos: Giraudon.
60. Bibliothèque Nationale, Paris. MS Lat. 873 fol. 21. Französich, spätes 15. Jahrhundert.
61. Pierpont Morgan Library, New York. MS 6.
62. British Library, London. Add. MS 19720 fol. 117v. Ländliche Szene, französisch, spätes 15. Jahrhundert.
63. British Library, London. Add. MS 18855 fol. 73v. Stundenbuch der Anne de Bretagne von Jean Bourdichon, französisch, spätes 15. Jahrhundert.
65. Victoria and Albert Museum, London. Plinius der Ältere: Historia Naturalis, Buch XV, sienesisch, um 1460.
66. British Library, London. Add. MS 17012 fol. 7. Stundenbuch einer Edeldame am Hof Heinrichs VIII., flämisch, spätes 15. Jahrhundert
67. British Library, London. Add. MS 24098 fol. 25v. ‚Golf'-Stundenbuch, flämisch, um 1500.
68. The National Trust, Waddesdon Manor. MS 19, Cat 20. Französisch, 16. Jahrhundert.
69. Pierpont Morgan Library, New York. MS 399. Brügge, um 1520.
70. British Library, London. Add. MS 18852 fol. 7. Stundenbuch der Johanna von Kastilien, Brügge, 1496–1506.
71. British Library, London. Add. MS 35313 fol. 4. Stundenbuch des Meisters Jakobs IV. von Schottland, Brügge/Gent, um 1510.
72–73. British Library, London. MS Cotton Augustus AV fol. 363. Le Trésor des Histoires, 15. Jahrhundert.
74. Bibliothèque Municipale, Lyon. MS 27 fol. 51. Französisch, um 1411.
76. British Library, London. Harley MS 4431 fol. 128. Christine de Pisan: Cité des Dames, Paris, 1410.
77. British Library, London. Add. MS 38126 fol. 7. Stundenbuch der Jungfrau Maria illustriert von verschiedenen Künstlern, flämisch, um 1500.
78. Bibliothèque Royale Albert I., Brüssel. MS II 158 fol. 11. Brügge, 1520–1530.
80. British Library, London. Harley MS 4425 fol. 12v. Rosenroman, flämisch, um 1500.
81. British Library, London. Stowe MS 955 fol. 6. Aus einem Buch mit Liebesgedichten von Pierre Sala, französisch, frühes 16. Jahrhundert.
82. British Library, London. Egerton MS 1146 fol. 11. ‚Jagd'-Stundenbuch, deutsch oder österreichisch, um 1500.
83. Bibliothèque Royale Albert I., Brüssel. MS 10218–19 fol. 6v. Modus et Ratio.
84 oben und unten. British Library, London. Egerton MS 1146 fol. 5v und 9v. ‚Jagd'-Stundenbuch, deutsch oder österreichisch, um 1500.
87 oben und unten. Biblioteca Marciana, Venedig. Grimani-Gebetbuch fol. 7, Gent/Brügge, 1510.
90. Pierpont Morgan Library, New York. MS 6.
91. British Library, London. Add. MS 19720 fol. 272v. Ländliche Szene, französisch, spätes 15. Jahrhundert.
92. British Library, London. Add. MS 35313 fol. 40. Stundenbuch des Meisters Jakobs IV. von Schottland, Brügge/Gent, um 1510.
93. British Library, London. Add. MS 35215 fol. 8v. Stundenbuch der Jungfrau Maria, französisch, 16. Jahrhundert.

94. Bayerische Staatsbibliothek, München. Cod. Lat. 28345 fol. 6r. Flandern, um 1500.
95. British Library, London. Add. MS 18855 fol. 27v. Stundenbuch der Anne de Bretagne von Jean Bourdichon, französisch, spätes 15. Jahrhundert.
97. British Library, London. Add. MS 27695 fol. 14. Aus einem Traktat über die sieben Todsünden, italienisch, spätes 14. Jahrhundert. Photo: Bridgeman Art Library.
99. British Library, London. Yates Thompson MS 3 fol. 8. Stundenbuch des Jean Dunois, französisch, Mitte 15. Jahrhundert.
100. British Library, London. Kings MS 9 fol. 9v. Stundenbuch, flämisch, frühes 16. Jahrhundert.
101. British Library, London. Royal MS 14E VI fol. 62. Ländliche Szene für Edward VI., Brügge 1473–1483.
102–103. British Library, London. Cotton Augustus MS AV fol. 345. Le Trésor des Histoires, 15. Jahrhundert.
104 und 105. British Library, London. Add. MS 38125 fol. 11 and fol. 9. Stundenbuch der Jungfrau Maria, illustriert von verschiedenen Künstlern, flämisch, um 1500.
106. British Library, London. Add. MS 17102 fol. 10. Stundenbuch einer Edeldame am Hof Heinrichs VIII., flämisch, spätes 15. Jahrhundert.
107. British Library, London. Add. MS 19720 fol. 80. Ländliche Szene, französisch, spätes 15. Jahrhundert.
108. British Library, London. Add. MS 17102 fol. 11. Stundenbuch einer Edeldame am Hof Heinrichs VIII., flämisch, spätes 15. Jahrhundert.
109. British Library, London. Add. MS 24098 fol. 29v. ‚Golf'-Stundenbuch, flämisch, um 1500.
110. British Library, London. Add. MS 18851 fol. 7. Gebetbuch der Königin Isabella von Spanien, flämische Buchmalerei, spätes 15. Jahrhundert.
111. British Library, London. Add. MS 24098 fol. 28v. ‚Golf'-Stundenbuch, flämisch, um 1500.
112. British Library, London. Add. MS 25695 fol. 10. Stundenbuch der Jungfrau Maria, französisch, spätes 15. Jahrhundert.
114 oben. Bodleian Library, Oxford. MS Rawl. G98 fol. 49v. Vergil: Georgica, italienisch, 15. Jahrhundert.
114 unten. British Library, London. Add. MS 18852 fol. 11v. Stundenbuch der Johanna von Kastilien, Brügge 1496–1506.
116. British Library, London. Add. 24098 fol. 27v. ‚Golf'-Stundenbuch, flämisch, um 1500.
117. Museé Condé, Chantilly. Stundenbuch der Herzogin von Burgund, um 1450. Photo: Bridgeman Art Library.
118. British Library, London. Sloane MS 2468 fol. 115. Umfray-Stundenbuch, französisch, spätes 15. Jahrhundert.
120. British Library, London. Add. MS 18851 fol. lv. Gebetbuch der Königin Isabella von Spanien, flämische Buchmalerei, spätes 15. Jahrhundert.
121. British Library, London. Add. MS 18855 fol. 58v. Stundenbuch der Anne de Bretagne von Jean Bourdichon, französisch, spätes 15. Jahrhundert.
123. British Library, London. Royal MS 14E VI fol. 76v. Ländliche Szene für Edward VI., Brügge, 1473–1483.
124. British Library, London. Add. MS 24098 fol. 28v. ‚Golf'-Stundenbuch, flämisch, um 1500.
125. British Library, London. Egerton MS 1146 fol. 13v. ‚Jagd'-Stundenbuch, deutsch oder österreichisch, um 1500.
126 oben. British Library, London. Add. MS 35313 fol. 6v. Stundenbuch des Meisters Jakobs IV. von Schottland, Brügge/Gent, spätes 15. Jahrhundert.
126 unten. Österreichische Nationalbibliothek, Wien. Cod. 18880 fol. 17.
127. British Library, London. Kings MS 9 fol. 3v. Stundenbuch, flämisch, 16. Jahrhundert.
128. Pierpont Morgan Library, New York. MS 399. Brügge, um 1520.
129. Bodleian Library, Oxford. MS Douce 195 fol. 60. Guillaume de Lorris und Jean de Lutine: Roman de la Rose, französisch, spätes 15. Jahrhundert.
131. Walters Art Gallery, Baltimore. Stundenbuch, flämisch, frühes 16. Jahrhundert.
132. British Library, London. Harley MS 4375 fol. 151v. französisch, spätes 14. Jahrhundert.
133. British Library, London. Add. MS 35215 fol. 97. Stundenbuch der Jungfrau Maria, französisch, 16. Jahrhundert.
134–135. Museé Condé, Chantilly. Stundenbuch der Herzogin von Burgund, um 1450. Photos: Giraudon.
137. Bibliothèque Nationale, Paris. MS 6185 fol. 51.

WEITERFÜHRENDE LITERATUR

Ariès, Philippe: Geschichte des Todes, München 1996
Ariès, Philippe: Geschichte der Kindheit, München 1994
Astill, Grenville/Grant, Annie (Hg.): The countryside of medieval England, Oxford 1988
Barber, Richard: The Penguin guide to medieval Europe, Harmondsworth 1984
Bolton, W.F. (Hg.): A history of literature in the English language, Bd. 1, The middle ages, London 1970
Borst, Arno: Lebensformen im Mittelalter, Berlin 1993
Brewer, D.S.: Chaucer in his time, London 1963
Brewer, D.S.: Chaucer, London 1953; London 1973
Brewer, D.S.: English gothic literature, London 1983
Bumke, Joachim: Höfische Kultur. Literatur und Gesellschaft im hohen Mittelalter, 2 Bde., München 1986
Burrow, John: Medieval writers and their work: Middle English literature and its background 1100–1500, Oxford 1982
Cook, William R./Herzman, Ronald B.: The medieval world view, Oxford 1983
Coote, Stephen: English literature of the middle ages, Harmondsworth 1988
de Hamel, Christopher: A history of illuminated manuscripts, Oxford 1988
Dronke, Peter: The medieval lyric, London 1968
Duby, Georges: Europa im Mittelalter, Stuttgart 1986
Duby, Georges: Krieger und Bauern. Die Entwicklung der mittelalterlichen Gesellschaft bis um 1200, Frankfurt/Main 1984
Dyer, Christopher: Standards of living in the later middle ages, Cambridge 1989
Ennen, Edith: Frauen im Mittelalter, München 1994
Evans, Joan (Hg.): Blüte des Mittelalters, München, Zürich 1966
Ford, Boris (Hg.): The new Pelican guide to English literature, Bd. 1: Chaucer and the alliterative tradition, Harmondsworth 1982, Bd. 1. Pt. 2: The European inheritance, Harmondsworth 1983
Fuhrmann, Horst: Einladung ins Mittelalter, München 1989
Fuhrmann, Horst: Überall ist Mittelalter. Von der Gegenwart einer vergangenen Zeit, München 1996
Goez, Werner: Leben im Mittelalter vom 7. bis zum 13. Jahrhundert, München 1987
Gurjewitsch, Aaron: Das Weltbild des mittelalterlichen Menschen, München 1986
Hanawalt, Barbara A.: The ties that bound: peasant families in medieval England, Oxford 1986
Harthan, John: Books of Hours an their owners, London 1977
Holt, Richard: The mills of medieval England, Oxford 1988
Huizinga, Johan: Herbst des Mittelalters, Stuttgart 1987
Huizinga, Johan: Homo Ludens. Vom Ursprung der Kultur im Spiel, Reinbek 1987
Jackson, W.T.H.: Medival literature: a history and guide, London 1967
Knowles, David: The evolution of medieval thought, London 1982
Lewis, C.S.: The discarded image: an introduction into medieval and renaissance literature, Cambridge 1964
Loyn, H.R. (Hg.): The middle ages: a concise encyclopedia, London 1989
McLean, Teresa: Medieval English gardens, London 1981
Medcalf, Stephen (Hg.): The later middle ages London 1981
Mollat, Michel: Die Armen im Mittelalter, München 1987
Ohler, Norbert: Reisen im Mittelalter, München 1993
Ohler, Norbert: Sterben und Tod im Mittelalter, München 1993
Pächt, Otto: Buchmalerei des Mittelalters, München 1985
Persall, Derek/Salter, Elizabeth: Landscapes and seasons of the medieval world, London 1973
Rickert, Edith: Chaucers world, New York, London 1948
Rösener, Werner: Bauern im Mittelalter, München 1993
Smalley, Beryl: The study of the Bible in the middle ages, Oxford 1984
Sumption, Jonathan: Pilgrimage, London 1975
Tuchmann, Barbara: Der ferne Spiegel. Das dramatische 14. Jahrhundert, München 1994
Tusser, Thomas, Five hundred points of good husbandry, Oxford 1984
Tuve, Rosemond: Seasons and months: studies in a tradition of middle English poetry, Paris 1933, repr. 1971
Tydeman; W.: The theatre in the middle ages, Cambridge 1978
Volkert, Wilhelm: Adel bis Zunft. Ein Lexikon des Mittelalters, München 1991
Wilson, C. Anne: Food an drink in Britain from the stone age to recent times, London 1973

REGISTER